Le déclic libérateur

Des mêmes auteures :

L'Intimité, Éditions Jean-Claude Lattès, 2004. Prix Osiris.

De Marthe Marandola :

L'Esprit des étoiles, Éditions des 3 Monts, 2001.

Marthe Marandola
Geneviève Lefebvre-Decaudin

Le déclic libérateur

La prise de conscience, enquête et récits

Marabout

Nous dédions ce livre à Anna Politkovskaïa, journaliste russe, femme de cœur et de courage, assassinée le 7 octobre 2006. Nous lui exprimons notre gratitude pour ses témoignages profondément humains et son combat pour la justice.

À Berthe et Adrien.
M. M.

« Comprendre, c'est voir le soleil se lever. »
Papyrus égyptien – 2400 avant notre ère.

« Ce qui nous crève les yeux nous rend aveugle. »
Sagesse populaire.

Sommaire

Préface

Ce livre parle d'un phénomène banal, courant et exceptionnel.

Nous en avons été témoins des dizaines de fois au cours de nos ateliers, de nos stages, des médiations que nous menons. Dans les témoignages reçus après la publication de notre ouvrage *L'Intimité*. Par des confidences, des récits spontanés.

Cet étrange phénomène, étonnant et mystérieux, tout le monde le connaît ou l'a connu : tout à coup saisir la solution d'un problème alors que nous y pensons moins voire plus du tout. Appréhender ce que nous avons à faire. Entendre un mot résonner différemment à nos oreilles. Réaliser une situation. Avoir les yeux qui s'ouvrent. Se rendre compte. Solutionner. Comprendre ! Soudain, c'est la prise de conscience.

Au moment où l'on s'y attend le moins apparaît le déclic qui dénoue la situation : « Ah ! J'ai compris ! » Nous sommes incapables de refaire le cheminement de notre pensée mais le fait est là, limpide et sans appel.

Une évidence nous tombe dessus. Une vérité nous renverse.

Dans nos travaux d'accompagnement collectif ou personnel, combien de fois avons-nous été les observatrices de ce moment privilégié ! À l'improviste, un mouvement se déclenche dans la pensée d'un individu. Du plus profond de son être, une réalité jusque-là insaisissable se révèle. Quelque chose de crucial se manifeste à son entendement.

Des signes extérieurs sont immédiatement perceptibles : une exclamation, le fameux « Ah ! », « Je comprends... ! », « Ça fait tilt ! », mais parfois aussi un silence, une pâleur, un regard qui se fixe ou vacille, un moment de flottement, un besoin de se retirer, de réfléchir en silence, de revenir sur un mot, d'analyser, car ce n'est pas toujours immédiatement formulable... On sent qu'il se passe quelque chose d'important pour cette personne. La prise de conscience suscite silence et respect.

Visible dans sa manifestation, ce mécanisme est très secret dans son déroulement. La personne l'exprime, en parle, peut dire ce qui s'est produit pour elle, ce qu'elle a compris et comment, parfois dans un grand état d'excitation ou d'agitation, ou avec la concentration qu'exige la précision du tracé de sa nouvelle géographie intime.

Cependant, malgré la bonne volonté de ses explications, elle ne peut en clarifier le cheminement précis et a beaucoup de mal à restituer la force de l'impression intérieure, souvent comparée à une vague puissante ou à un retournement.

« Ah ! J'ai compris ! » : c'est un flash, une rupture, une ouverture, comme un cri venant de l'intérieur. Ce qui est soudainement éclairé est un aspect primordial, un point important ou essentiel de notre existence. C'est toujours passionnant et riche de conséquences.

Comment nomme-t-on ce phénomène ? Prise de conscience soudaine, déclic libérateur, *insight*, réalisation, éclair de compréhension, révélation, illumination, perception immédiate, évidence intuitive... Ces diverses expressions tentent d'exprimer la puissance et la rapidité du phénomène : « Ça m'est tombé dessus », « D'un seul coup, c'était une évidence », « J'ai compris, c'était vertical », « Je l'avais là, devant les yeux », « J'en ai eu la chair de poule », « C'était radical », « Ça m'a mis sens dessus dessous », « J'ai vu clair, sans échappatoire », « Tout à coup, j'ai saisi », « Ça a fait tilt ! »

D'habitude, pour voir clair dans une situation, nous utilisons l'analyse et la réflexion. Pour résoudre une difficulté ou prendre une décision, nous puisons dans les informations à disposition dans notre mémoire et autour de nous. Nous procédons par paliers, par intégration successive des divers éléments.

Mais à côté et en plus de ce processus classique, il y a tout ce qui relève de l'inattendu, de l'inspiration, de l'intuition, du paradoxal, de l'étonnant, du choc, de la surprise... Comme si nous possédions à notre insu une faculté, une capacité naturelle inhérente à notre esprit, une sorte d'intelligence intérieure active mais cachée. Comme si une partie de notre conscience était parfaitement capable de se débrouiller d'une question dont nous ne parvenons pas à trouver la solution à l'aide de nos seules compétences intellectuelles.

Ce phénomène est bien connu dans le contexte du travail sur soi : comment changer sans prises de conscience fondamentales de nos fonctionnements les plus intimes, les plus cachés à notre entendement ? Comment apaiser les douleurs, calmer les angoisses, pacifier notre cœur sans découvrir de façon souvent inattendue les ressorts cachés de nos actions ? Pour concevoir de nouvelles possibilités de comportements, ne sommes-nous pas amenés à changer notre vision du monde, de nous-mêmes, à bousculer nos conceptions, à transformer notre regard ? La prise de conscience nous saisit, malgré soi pourrait-on dire, et, souvent, au moment où nous nous y attendons le moins. C'est un surgissement par surprise : « Mais bon sang, mais bien sûr ! »

Ce phénomène ne se limite pas au seul domaine psychologique. Tous les domaines de la pensée, de l'invention, des sciences, de l'art sont concernés. Un exemple fameux est celui d'Archimède avec son cri « *Eurêka !* (J'ai trouvé !) » qu'il poussa, paraît-il, en solutionnant son problème. Rappelons l'histoire.

Archimède était un savant grec génial vivant à Syracuse, plus de deux cents ans avant notre ère. Le roi lui aurait demandé de déterminer si la couronne fabriquée à sa demande était faite d'or pur comme on la lui avait vendue ou faite dans un alliage d'or et d'argent, ce qui changeait considérablement son prix. Problème : une fois la couronne fabriquée comment savoir la proportion des différents éléments ?

Voici comment l'auteur romain Vitruve raconte la scène.

« Il y eut une dénonciation disant qu'après avoir ôté de l'or, on avait mêlé la même quantité d'argent dans la fabrication de la couronne. Hiéron, indigné d'avoir été joué, et ne trouvant pas comment il mettrait la main sur le vol, demanda à Archimède de se charger pour lui de cette réflexion. Alors Archimède, comme il avait le souci de cette affaire, alla par hasard aux bains, et là, comme il entrait dans sa baignoire, il s'aperçut que le volume de son corps qui y était plongé, était égal au volume d'eau qui en écoulait. Ce phénomène lui montra comment expliquer l'affaire et, sans s'attarder, il sauta de la baignoire, poussé par la joie, et, allant nu chez lui, il faisait entendre à tous en criant qu'il avait trouvé ce qu'il cherchait. En courant il criait sans cesse en grec : « Eurêka ! (J'ai trouvé !)[1] »

Nul ne sait si le récit est véridique mais ce qui fait la célébrité de l'anecdote à travers les siècles est ce cri poussé : *Eurêka !,* signifiant à la fois la compréhension soudaine et la résolution du problème alors qu'on est occupé à tout autre chose. C'est la prise de conscience d'un problème important alors que nous sommes en train de faire les courses, la

---

1. Récit de Vitruve, traduit du latin par Yves Ouvrard, académie de Poitiers. Le texte original écrit par Aristote a été découvert après grattage sous un texte de prière.

vaisselle ou de parler de n'importe quoi d'autre. Comme si un processus s'était mis en route à notre insu, faisant jaillir la solution de façon inopinée et imprévue.

Ce qui est intéressant dans cette histoire vieille de plus de deux mille ans est qu'il ne s'agit pas seulement de la résolution d'un problème de couronne pour un monarque depuis longtemps oublié. Le point fort réside dans le fait qu'Archimède fasse partie de ces philosophes qui croient fermement en la capacité de l'intelligence à décrypter ce qui existe, y compris notre propre destin. Contrairement à ceux qui croient en des puissances mystérieuses et insaisissables, sur lesquelles on n'a aucun pouvoir, il a confiance dans le potentiel d'intelligence de l'être humain. C'est un anti-fataliste.

C'est le sens de sa célèbre formule : « Donnez-moi un point d'appui et je soulèverai le monde. » Autrement dit : il est toujours possible de trouver le pourquoi et le comment pour débloquer une situation, à partir du moment où on possède la bonne entrée de raisonnement.

L'*insight* fournit ce « point d'appui » dont nous avons besoin pour faire évoluer positivement nos façons de penser. La prise de conscience donne une autre vision du problème, brise l'impasse, fait reculer l'impuissance. Elle nous aide à sortir des ornières de situations paraissant insolubles ; à nous extraire des états douloureux, déprimants, délicats ; ouvre notre intelligence et notre sensibilité ; nous pousse à vivre de façon plus libre et créative. C'est un élément majeur pour toutes les circonstances où nous devons rompre avec d'anciennes façons de penser, avec des schémas devenus inadaptés, des habitudes dépassées, des comportements inadéquats.

Une compréhension renouvelée ouvre le chemin vers l'avenir. C'est le contraire de la résignation et du renoncement.

La prise de conscience mobilise tous les niveaux de notre être. Elle prend sa source au plus près de son essence. C'est pourquoi ses révélations sont si importantes. Cela nous concerne vraiment, elle est notre vérité à cet instant. Nous ressentons profondément et immédiatement qu'elle est un message vital, pouvant nous aider sur notre chemin de vie, éclairer nos choix et décisions.

Toute notre expérience professionnelle dans le champ de la relation d'aide et dans celui de la formation nous prouve que les êtres possèdent la capacité de changer pour accéder à un mieux-être et que personne n'est condamné à la même répétition des douleurs. Cela a été une raison de plus de nous intéresser à ce phénomène.

Notre désir d'investigation a été suscité et renforcé par les récits entendus, parfois stupéfiants par leur densité, leur profondeur et leur ouverture philosophique. Bien sûr, nous avons nous-mêmes vécu des prises de conscience. Mais cette expérimentation personnelle n'a pas suffi à en éclairer les aspects mystérieux. Il nous était nécessaire d'interroger d'autres personnes pour tenter de répondre aux questions qui abondent.

Ce livre est le résultat d'une intense curiosité : de quoi s'agit-il ? Que se passe-t-il au moment où une personne s'écrie « Ça y est, j'ai compris ! » ? Comment s'élabore cet instant ?

Existe-t-il des circonstances favorisantes ? Qu'est-ce qui se joue dans la personne ? Le processus est-il identique pour tous ? Peut-on dégager des règles générales ? Existe-t-il des degrés d'intensité ? La solution trouvée se vérifie-t-elle dans le temps ? Que se passe-t-il ensuite ? Que faisons-nous de nos prises de conscience ?

Or, s'il existe des travaux sur ce sujet en pédagogie, en psychologie, dans les neurosciences, cela reste confiné aux seuls spécialistes. Curieusement, on n'a jamais cherché à savoir ce qui se passait pour les êtres à qui cela arrive dans le quotidien de leur vie.

C'est exactement ce que notre curiosité nous a poussées à faire. Poser la question autour de nous, enquêter, recueillir des témoignages.

Notre enquête

Nous avons formulé notre interrogation de la façon suivante :

« Vous est-il arrivé d'émerger d'une situation difficile, longue, compliquée ou malheureuse, en prenant soudainement conscience de quelque chose d'essentiel pour vous ? Vous souvenez-vous d'avoir vécu ce qu'on pourrait nommer un "déclic libérateur", une "prise de conscience", un "*insight*" ? En quelles circonstances ? Comment et avec quelles conséquences ? Pouvez-vous en parler ? »

Nous n'avons pas choisi les personnes auxquelles nous nous sommes adressées. Il ne s'agissait pas pour nous de dresser un constat sociologique ni de procéder à une enquête clinique ou à des statistiques.

Nous étions guidées par la curiosité du voyageur se rendant dans une contrée peu explorée, questionnant au hasard les passants rencontrés. C'était le plaisir de demander à des amis, à des clients, à des inconnus… « Dites-moi, cela vous est-il arrivé de… ? » et laisser venir les réponses.

Parmi ces témoins, on trouve ainsi des hommes et des femmes de tous les milieux sociaux : agriculteur, infirmière, psychothérapeute, cadre, enseignant, éducateur… Ils ont eu des prises de conscience sur les sujets les plus divers. Certains dans le domaine affectif, d'autres sur des aspects professionnels, d'autres encore sur leur rapport à la nature ou à la société.

Première surprise : si notre sujet a toujours été immédiatement compris – « Vous voulez dire, quand ça fait tilt ? » – il est rarement évoqué. Pourtant, tous ont saisi précisément et immédiatement de quoi nous parlions.

Seconde surprise agréable : l'accueil a toujours été intéressé, amusé, curieux, souvent passionné. Nos interrogations ont ravivé l'acuité de ce qui s'était passé pour eux. Des souvenirs parfois relégués dans la mémoire ont ressurgi. Des années après l'événement, nous avons vu des témoins réaliser l'ensemble des conséquences qui en avaient découlé et réaliser devant nous qu'une « petite » prise de conscience les avait, en fin de compte, menés très loin !

Une minorité nous a répondu : « Non, ça ne m'est jamais arrivé. » Cette expérience ne pouvait être la leur, étant trop loin de leur mode habituel de fonctionnement.

Ainsi, Gaëlle, professeur de yoga, a estimé ne pas pouvoir vivre le « déclic », le « ah ! » de la compréhension soudaine, car ce n'est absolument pas sa façon d'embrasser la réalité. Elle se décrit comme lente, abordant le déroulement des choses par le biais de l'analyse et d'un ressenti se mettant doucement en place. Si un tel phénomène de déclic pointe le bout du nez, elle le retient, l'empêche d'advenir. Elle se retire volontairement pour laisser les choses mûrir. Ses prises de conscience se font donc de manière impalpable. Mais un jour, c'est là et bien présent.

Pour les autres personnes ayant répondu, elles l'ont fait de deux manières :

— soit avec un récit immédiat et circonstancié (une ou deux heures et parfois davantage) souvent remarquablement précis : preuve que l'événement était encore très présent et vivant, parfaitement identifié dans sa singularité, chargé d'émotions même plusieurs années après ;

— soit avec une demande de réflexion et un délai de quelques semaines à plusieurs mois, ce temps étant nécessaire pour bien cerner questions et réponses et, peut-être, avec le recul, d'analyser clairement les différentes étapes du cycle vécu jusqu'à la prise de conscience, puis ensuite.

Vous lirez ainsi des récits de prises de conscience fulgurantes. D'autres par paliers successifs, élaborées pas à pas jusqu'à de profonds changements.

Nous avons bien sûr sélectionné les récits figurant dans ce livre selon plusieurs critères. Certains sont purement subjectifs : notre réaction, notre intérêt, notre étonnement.

D'autres plus objectifs comme la nécessité de présenter des récits cohérents, pas trop fragmentés dans le temps et assez précis pour pouvoir les retranscrire clairement. Nous avons changé les noms, les lieux et certains environnements particuliers pour que l'anonymat soit respecté, beaucoup de ces prises de conscience impliquant d'autres personnes, de la famille par exemple. Nous avons ainsi volontairement brouillé les pistes mais en gardant toujours intact l'essentiel, le cœur du récit : la prise de conscience elle-même, ses circonstances et ses conséquences.

Nos témoins

Ceux à qui nous allons donner la parole sont parvenus à leur prise de conscience par des chemins et dans des contextes fort différents.

Certaines personnes rencontrées au cours de cette enquête ont connu de grandes souffrances. Elles ont été « dans le trou », « au fond du gouffre », selon les expressions entendues. Elles ont souffert d'un état de détresse, ont été brisées par un événement inattendu, une catastrophe dans leur vie. Des chocs émotionnels les ont jetées au tapis, les ont coupées de leurs ressources vives.

D'autres se sont trouvées confrontées à une impuissance, ont vécu la sensation d'être enfermées dans une impasse ou de tourner en rond dans une indécision pénible, avant de connaître une prise de conscience salvatrice.

D'autres encore ne savaient pas vraiment ce qui n'allait pas dans leur vie. Mais soudain quelque chose les réveille, les interpelle. C'est une situation inattendue ou dérangeante. Cela se produit même parfois, comme nous le verrons, dans un éclat de rire. Ils s'interrogent, se remettent en question et découvrent ce qui les freine, ce qui les empêche d'accéder au meilleur d'eux-mêmes.

Ces récits, souvent touchants, disent avec un bel ensemble la richesse de ces prises de conscience vécues.

Un jour, ce jour-là, tous ont compris ce qui était à revoir chez eux. De la situation initiale, d'un « fond », ils sont remontés vers un « haut ». Et comme nous l'a dit avec humour une des personnes rencontrées : « Ce qu'il y a de bien avec les hauts et les bas, c'est qu'il y a des hauts ! » L'évidence révélée est un « haut », incontestablement !

Il ne faudrait pas en conclure hâtivement que le bonheur découle miraculeusement et instantanément de la prise de conscience. Il n'y a pas de transformation magique. La découverte ne dédouane pas des efforts à fournir. Elle indique une piste, une voie de sortie, et ce n'est pas forcément une promenade de tout repos !

Mais ce qui change par rapport à la situation initiale est le fait de comprendre ce qui se passe. Tout ce qui donne du sens donne de la force. Rien n'est plus pénible que de se sentir le jouet d'un destin injuste et incohérent.

Malgré toutes les difficultés, le « Mais bien sûr ! » de la compréhension marque le commencement de l'équilibre retrouvé. La découverte intérieure fait retentir à nouveau la petite musique du désir, un faisceau de lumière brille, un fil se laisse saisir dans l'enchevêtrement des nœuds de la vie.

Il y a encore à se battre et des décisions difficiles à prendre, des efforts et des luttes à mener, certes, mais la « petite chose comprise » donne un élan et une vitalité largement suffisants pour pouvoir repartir dans la vie. Comprendre ce qui nous arrive, en tirer la leçon, en sortir grandis : n'est-ce pas la plus belle des aventures ?

Ces témoignages sont autant d'encouragements destinés à ceux qui sont dans le tourbillon des difficultés, parfois au cœur du cyclone. D'une façon à la fois simple et exemplaire, ils montrent la capacité humaine à surmonter les épreuves. Ils nous disent à leur façon qu'en chacun de nous résident une force et une intelligence créative. Que nous possédons dans notre patrimoine commun la résistance et le courage nécessaires pour franchir nos épreuves.

Notre désir d'enquêter sur la prise de conscience n'est donc pas seulement le fruit de notre curiosité. C'est aussi pour partager et témoigner de la vigueur de la vie avec tous ceux et toutes celles qui sont aujourd'hui dans la difficulté d'être.

Pour rappeler à ceux ayant connu cette étape essentielle de la prise de conscience, ce qu'ils y ont trouvé alors et ne jamais oublier la sensation de renaissance qui fut la leur à ce moment.

Nous avons interrogé ce point de rupture d'où surgit l'éclair de conscience. Un point précis, puissant, ténu, fragile, troublant et bouleversant.

Nous nous sommes lancées dans cette enquête sans savoir où elle nous menait. Nous avons récolté des témoignages avec l'espoir de soulever un coin du voile : faire des liens entre des événements épars de notre vie, avec les comportements et les décisions qui en découlent. Comprendre enfin les raisons fondamentales de certains de nos actes, de certaines de nos attitudes. Décider de prendre un nouveau chemin. Rendre plus heureux ceux qui nous entourent.

Nous allons maintenant écouter et suivre ces témoins dans leurs aventures.

Nous aurons soin aussi de donner des pistes d'explication de ce qui peut se passer au niveau de notre cerveau et de l'inconscient. Nous écouterons des chercheurs. Nous nous pencherons sur la question de savoir si nous pouvons favoriser nos prises de conscience.

Au fur et à mesure des récits, nous tâcherons de comprendre et d'apprendre. *Eurêka !*

I

Un phénomène intime et personnel

De nombreuses personnes ont vécu une prise de conscience soudaine. Cependant, on n'en parle pas aisément. Elle est, en effet, difficile à mettre en mots. Ce qui vient à la conscience peut paraître une banalité pour d'autres. Ce qui change est de l'ordre de la compréhension intérieure profonde.

Entre intuition et révélation, c'est un événement particulier avec ses caractéristiques propres.

1. Un fait difficilement exprimable

« D'un coup, tout s'est éclairé. »

« En cet instant, j'ai su exactement ce que je devais faire. »

Voici ce moment singulier, exceptionnel, fulgurant : l'instant où l'on comprend quelque chose d'important... Comprendre, pas seulement dans son raisonnement et dans son mental, mais au-delà des mots avec tout son corps, son être, l'essentiel de sa conscience, comprendre réellement avec la vigueur de la révélation. Cela nous est tous arrivé un jour à des degrés divers :

« En lisant un livre, je me suis complètement reconnu. J'ai compris ce qui m'était arrivé et pourquoi. J'ai été saisi d'un tremblement. J'étais secoué, quasi en état de choc. Ma réaction a été immédiate. Tout de suite, j'ai décidé de changer et de sortir de cette situation qui me pourrissait la vie. »

Il y a peu d'instants plus palpitants que ces minutes où un éclair de lucidité illumine l'obstacle nous empêchant d'accéder au bonheur, d'avancer, de changer, d'aimer, de créer... Où dans un même regard nous voyons ce qui nous aliène et ce qui nous libère. « J'ai réalisé ce que je voulais vraiment », « J'ai vu ce qui m'empêchait d'avancer », « Mais pourquoi est-ce que je me sens toujours coupable ? »

C'est un instant pareil à une déflagration. Quelque chose de notre vie se révèle avec un sens plus profond et vrai, sans appel, irréversible, dans l'éblouissement d'une clarté nette et précise : le « J'ai compris ! » sonne comme une alarme de réveil.

Pour beaucoup de nos témoins, pour ne pas dire presque tous, c'était la première fois qu'ils parlaient à cœur ouvert de cette expérience. Pourquoi ne l'avaient-ils quasiment jamais racontée à leurs proches avant que nous ne les interrogions ?

Une des raisons avancées est le contexte particulier de l'épisode. Le moment de la révélation a été précédé par une période extrêmement difficile, une grosse épreuve, un coup dur, un moment de déprime.

« Il est parti, ça a été terrible. »

« Mon licenciement, je ne pouvais même pas en parler. »

« Après l'accident, plus rien n'avait de sens. »

« Je n'avais plus de forces, j'avais perdu le goût de vivre. »

Ceux-là ont beaucoup de pudeur à raconter et sans doute encore de la souffrance à évoquer ce temps si pénible. Or, la force de leur prise de conscience ne se comprend bien que proportionnellement au malaise vécu. C'est la peine, l'inconfort ou la douleur de la situation qui ont enclenché le processus ayant abouti à l'éclair de compréhension. La souffrance a été le détonateur. Elle a donné le courage d'amorcer parfois de très grands changements. Taire l'épreuve ou juste la suggérer pousse à minorer l'expérience de la prise de conscience : la grandeur de l'une est proportionnelle à la puissance de l'autre.

La seconde raison qui fait qu'on en parle peu, c'est la pauvreté des mots pour dire le phénomène : « Tout d'un coup, j'ai compris… » Comment faire comprendre à l'interlocuteur que ce fut un moment de grâce ?

Lorsqu'une mauvaise nouvelle nous tombe dessus, il est courant d'entendre : « J'ai eu soudain très froid », « Mon sang s'est retiré de mes veines », « Je ne voyais plus rien, c'était comme un brouillard », « J'ai reçu un choc dans l'estomac », « J'ai eu le vertige, la nausée… » Les images abondent, tout de suite intelligibles. Tout le monde comprend.

Mais comment raconter le passage, le moment, la période, l'heure, la minute parfois… où le basculement inverse se produit ? Comment dire le premier effluve de printemps annonçant un nouveau cycle ? L'espace du possible à nouveau ouvert ? La boule dans la gorge qui diminue ? La lumière d'une nouvelle intelligence ? La voix de l'ami et les paroles d'encouragement enfin entendues et comprises ?

Ce n'est vraiment pas facile.

Il faut faire appel à du ressenti, à de l'impalpable, à de l'inexprimable. Les explications donnent un aperçu maladroit de la puissance et la profondeur de ces instants : « Je me suis remise à vivre », « J'ai saisi le sens de ce qui m'arrivait », « J'ai pris conscience, c'était limpide », « Je me suis senti libéré d'un poids immense ».

Après nous avoir narré leur prise de conscience, de nombreux témoins nous ont dit parfois, presque en s'excusant : « Ça peut paraître un peu bête… », « Vous allez trouver cela bizarre… »

Leurs prises de conscience si fondamentales apparaissent comme des banalités faciles à énoncer en quelques mots : « Personne ne peut vivre ma vie à ma place », « Je fais ce que je peux, je ne peux pas plus et c'est ok ! », « Mais c'est moi qui me juge tout le temps ! », « C'est à moi de m'occuper de mes affaires, je dois me faire confiance ! » Devant ces affirmations si évidentes, l'autre peut être tenté de répondre : « Mais oui, bien sûr… »

Vous allez lire un grand nombre d'exemples dans ce livre. Il est possible que vous vous disiez : « Ah bon, c'est seulement cela qu'il (ou elle) a compris ? »

C'est vrai, la solution apparue peut paraître simple, voire naïve. Mais notre problème est que nous ne savons pas que nous ne savons pas. Nous sommes aveugles à notre propre ignorance. Les mots répétés ou lus mille fois n'atteignent pas forcément notre conscience.

On peut prendre pour exemple la tache aveugle située au fond de notre œil. Là où le nerf optique arrive, nous ne voyons pas… Pourtant il ne manque pas quelques centimètres carrés à notre vision ! Nous ne savons pas que nous ne voyons pas parce que le cerveau comble ce vide en interprétant l'image reçue… Vous trouverez à la fin de ce livre une expérience très simple faisant réaliser la présence de cette tache aveugle. De même, par définition, nous ne savons pas notre ignorance. Elle s'affiche en même temps que l'évidence. C'est seulement alors que nous nous rendons compte de ce qui était présent mais ignoré. « L'évidence nous aveugle », dit si bien le proverbe.

Or, un cheminement parfois long est nécessaire pour parvenir à ce point de lucidité. Prendre conscience, c'est d'abord et avant tout faire une expérience vitale, un apprentissage intime. Sous les humbles mots de la solution : « J'ai compris combien la vie était courte ! » se cachent une puissante remise en question et le déclenchement d'un séisme intérieur.

Par exemple, un jour, Ludivine réalise la chose suivante : « Si je ne m'aime pas, personne ne peut m'aimer. » Sentence courante. Bien sûr, qui ne conviendrait de la nécessité de s'aimer ? Mais il y a loin de la compréhension superficielle à la réalisation vraie. Comme tout le monde, Ludivine savait cela mais elle ne l'avait jamais réalisé avec la force nécessaire et toutes les conséquences capitales en découlant. Elle savait, elle ne l'avait pas vécu. Écoutons-la.

« Si je ne m'aime pas… »

Ludivine, 51 ans, cadre hospitalier.

Pouvez-vous imaginer qu'il y a quatre ans je dépassais les 100 kg ? Si je vous montre des photos, c'est bien moi et c'est quelqu'un d'autre. C'est une longue histoire : un jour j'ai pris conscience et tout a changé. Disons qu'une prise de conscience m'a fait entrer dans une autre vie même si beaucoup de choses avaient déjà bougé. Un achèvement en somme.

Je n'ai pas toujours été grosse. J'étais, disons, normale, autour de 65 kg. Le dérapage a commencé avec un sacré coup, l'année de mes 34 ans. Je vivais depuis plusieurs années avec Jérôme. Pour moi, il n'y avait aucun doute, c'était l'homme de ma vie. Mais voilà, Jérôme est parti du jour au lendemain. Et jamais, jamais, il n'a voulu me donner la moindre explication. Rien, pas un mot.

C'était un lundi, on avait passé un bon week-end. Le matin il m'avait embrassée. « Salut, à ce soir. » Le soir, les heures passent, il ne revient pas. Je m'affole. Je pense à un accident. Je téléphone partout, même à la gendarmerie. J'envisage tout, sauf la vérité. Tard dans la soirée, un copain appelle pour me dire : « N'attends pas, il ne reviendra pas ». Je ne comprends pas, il me répète la même chose, deux fois, dix fois peut-être, et finit par s'énerver : « Mais il est parti, sur quel ton il faut te le dire ? Non, il ne veut pas te parler. C'est fini avec toi. Je passerai demain prendre ses affaires. »

Le choc est d'une incroyable violence ! Le pire, c'est le silence : il n'a rien dit, rien expliqué, ni à ce moment, ni jamais. Du coup, moi aussi je me suis mise à ne plus pouvoir parler. Déjà, quelques mois auparavant, mon père était décédé brusquement. J'avais un gros passif avec lui, je m'étais promis qu'un jour ou l'autre il y aurait une franche explication entre nous mais je n'ai pas eu le temps de lui parler. Il m'a laissée avec un sentiment d'injustice irréparable, un mouvement inaccompli. Maintenant le mutisme de Jérôme après celui de mon père : c'était trop, les mots me manquaient à moi aussi, j'en perdais le mode d'emploi. « Ça va ? », « Oui, ça va », « Quoi de neuf ? », « Rien, tout va bien », « Et Jérôme ? », « Ça va aussi ». Pendant plusieurs semaines, j'ai caché son départ à tout le monde et à ma mère plus qu'à tout autre.

J'avais un métier dur alors, j'étais infirmière en bloc opératoire. Je ne dormais plus, ne pouvais rien avaler. En trois mois, j'ai maigri de 12 kg. J'ai craqué : pleurs, aveux. Diagnostic : dépression. Arrêt maladie. Somnifères, médicaments. Six mois plus tard, j'ai repris le travail dans une autre équipe, moins stressante. J'avais grossi de 20 kg. Cela m'en faisait huit de plus qu'au départ. Je savais parfaitement qu'il s'agissait de l'effet secondaire d'un des médicaments. J'ai donc cessé de le prendre mais j'ai continué à grossir. Dix kilos plus tard, je me détestais. La déprime est revenue. J'étais vraiment une grosse moche nulle. « Tu manques de volonté » disait ma mère.

Je me suis mise au régime, je veux dire, à tous les régimes : ananas, soupes, dissocié, sans gluten… Un mois de régime, je maigrissais. Deux, trois, quatre mois, je recommençais à déprimer sévèrement. Je remangeais. Je rattrapais les kilos perdus à une vitesse inouïe, à chaque fois un peu plus. Ma vie était occupée à cela : régime, déprime, médicaments, maigrir, grossir. Mon corps était devenu un ennemi. J'ai usé plusieurs psychologues et psychiatres. Ils faisaient tous le parallèle entre mes mots rentrés et la graisse étouffante. J'étais d'accord. Oui et après ? Mon corps ne m'obéissait plus. Il n'en faisait qu'à sa tête, il épaississait et je le haïssais.

Pour tenter de sortir de tout ça, j'ai déménagé, changé d'hôpital. Dans ce nouveau lieu, j'ai rencontré un médecin nutritionniste animant avec une psychothérapeute un groupe de parole pour obèses. Cela m'a énormément aidée. « Moi, Ludivine, 100 kg » : quand je me suis entendue dire cela au groupe, ça m'a donné envie de vomir ! Non, c'était fini, je ne voulais plus.

J'ai d'abord stabilisé mon poids, ce qui n'est pas rien. Puis, j'ai maigri un tout petit peu. Je voyais les progrès sur les autres aussi. J'avais tellement envie qu'on s'en sorte tous !

Mais l'idée que ça allait prendre peut-être des années m'était insupportable. J'ai demandé à ce qu'on me pose un anneau pour raccourcir l'estomac et diminuer la sensation de faim. Le médecin et la psy n'étaient pas trop d'accord. J'en ai parlé au groupe et en fin de compte tout le monde a respecté ma décision. Cette opération a été formidable. J'ai eu l'impression de gagner sur mon corps, d'obliger l'organe fautif – mon estomac – à enfin m'obéir : « Ah oui, tu me transformes en tube digestif, en stockeuse de graisse ? Tu vas voir, tu ne pourras plus, je te transforme, je te soumets, c'est moi qui vais gagner ! »

Dix-huit mois après l'opération, j'avais maigri de 30 kg. J'étais à 70, il m'en restait encore à perdre pour revenir au poids de départ mais c'était déjà génial ! Cette comptabilité obsessionnelle était devenue l'échelle de ma qualité de vie, le barème d'un bonheur possible à reconstruire avec un nouveau compagnon.

J'ai quitté le groupe. Je voulais m'éloigner des lieux et des gens témoins de mes débordements de graisse, fuir le souvenir de ces tourments. Je me disais : « Je suis une autre femme maintenant ». Seulement, le hic c'est que je ne pouvais en être sûre tant que j'avais l'anneau sur l'estomac. Je devais savoir si l'amélioration venait de moi ou de lui, des deux bien sûr, mais pour quelle part ? Ma mère me disait : « C'est vraiment bien ton anneau », et je voulais pouvoir lui dire : « C'est sans anneau, maman, c'est grâce à moi ». Alors, sur ma demande, avec beaucoup d'insistance, le chirurgien a accepté de le retirer.

Je n'ai plus d'anneau et depuis je n'ai pas regrossi : Ludivine, 65 kg, une femme comme les autres. Grâce à ma seule volonté ? Non, grâce aussi à une prise de conscience énorme. Voilà comment ça s'est passé. J'étais redevenue regardable par les hommes et je draguais, naturellement. J'étais inscrite à des clubs de rencontre, je cherchais. Je faisais un gros effort pour m'habiller de façon féminine, je prenais soin de moi. Pourtant ça ne marchait pas. Je ne rencontrais personne d'intéressant. Même en amitié, je n'étais pas heureuse.

Avec maman, le rapport était toujours aussi pénible. Ma silhouette retrouvée n'avait rien changé dans mon rapport aux autres. Si bien que j'ai senti revenir la grande vague de l'angoisse et de la souffrance. À quoi bon ces efforts pendant tant d'années ? Pas d'amour, pas d'amis, pas de famille... Plus rien n'avait de sens. J'allais encore sombrer, c'était terrifiant.

Je suis revenue alors vers le groupe où j'ai été accueillie chaleureusement. Certains avaient nettement maigri, d'autres n'avaient pas pu ; des nouveaux étaient là. Je me suis rendu compte combien ces gens étaient courageux et j'ai ressenti une grande vague d'amour et d'estime pour eux. J'avais honte de leur saper le moral en venant leur dire que maintenant normale en poids, je n'étais toujours pas bien dans ma tête ! Mais ils m'ont vivement encouragée.

Alors je me suis décidée à continuer mes efforts. Aller encore dans une soirée et m'y préparer malgré mon humeur sombre.

Le jour dit, j'étais dans la salle de bains, penchée en avant sur une jambe pour m'épiler. Je me préparais à cette sortie mais sans y croire, sans même de tristesse, juste le vide et l'amertume. Ainsi penchée, je m'aperçois dans le miroir. Je me vois la tête presque complètement à l'envers. Cette perspective inconnue et surprenante de moi-même m'intéresse, m'interroge. J'augmente encore le mouvement. Je me regarde. C'est moi ? Bizarre trogne. Jamais je ne me suis vue ainsi. Je m'approche de moi, le plus possible retournée. À l'envers, des rides s'estompent au profit de nouveaux plis. Je contemple un visage à gravitation inversée. C'est rigolo ! Et là, au cœur de cet étonnement amusé se produit la prise de conscience.

Je me dis, ou une voix très forte sonne dans ma tête : « Si tu ne t'aimes pas, personne ne t'aimera. » Cette sentence banale, je l'avais déjà lue des milliers de fois dans plein de magazines mais, cette fois, je l'entends dans toutes les cellules de mon être. Elle est une vérité absolue. Surtout, elle devient ma réalité.

Je me la répète en me regardant et j'éprouve, à l'instant, un formidable élan d'amour envers moi-même. Je ris, je tombe par terre à force de me pencher et je ris. Je m'aime, je m'aime ! On va m'aimer. Certitude. Joie.

Depuis ce jour, je n'ai plus jamais cessé de m'aimer. Mon corps est redevenu mon ami avec douceur. Nous avons lui et moi une tendre complicité. Je l'aime, tel quel. Je n'en ai pas d'autre, n'est-ce pas ? J'en prends soin. Je n'ai plus jamais eu honte de lui. Le poids n'est plus un problème entre lui et moi. S'il grossit de temps en temps, c'est qu'il en a besoin. Je ne lutte plus, je l'accompagne, je lui parle avec des mots câlins. Alors il me remercie en revenant à un poids raisonnable. Je me regarde avec bienveillance et ce regard je le porte aussi sur tous les êtres autour de moi, même ma mère dont les remarques m'atteignent de moins en moins.

Il m'arrive de me regarder à l'envers pour ne pas oublier, jamais ! « Si tu ne t'aimes pas, personne ne t'aimera. »

J'ai un compagnon maintenant, un homme rencontré au travail et ça se passe bien, tranquillement. Je ressens une profonde gratitude pour le groupe, le médecin nutritionniste et la psychothérapeute, pour leur empathie, leur soutien, leur non-jugement et leur humour quand tout allait mal ! Je voudrais tellement que les autres comprennent la souffrance d'avoir un corps pas « normal » ! J'aimerais que nous nous acceptions tous, comme nous sommes, sans jugements ni critiques, comme j'accepte mon corps maintenant !

*

C'est cela la prise de conscience : jusqu'à cet instant le mot « s'aimer » était pauvre de sens pour Ludivine. C'était juste un mot. Il devient vivant, flamboyant, vibrant, chantant, présent, lui révèle l'amour en elle-même pour elle-même. Elle était en lutte mortelle avec son corps. À cet instant, Ludivine se regarde pour la première fois avec bienveillance. Elle fait un pas décisif vers une réconciliation totale avec son image. Sa vie en est transformée depuis ce jour.

Et si on la questionne : « Pourquoi as-tu compris à ce moment-là et pas avant ? », elle est bien en peine de le dire, et à quoi bon d'ailleurs entrer dans trop d'explications. En effet, les commentaires banalisent souvent l'exceptionnel. Il y a à craindre d'être mal compris, bien pire, voir l'expérience rabaissée ou tournée en ridicule. Mieux vaut se taire et garder pour soi ce souvenir bouleversant et précieux.

Pudeur, manque d'expressions fortes, impossibilité de partager vraiment l'expérience… Pour toutes ces raisons beaucoup se taisent. Voilà pourquoi cette expérience est si rarement exposée en public, bien que vécue par de nombreuses personnes.

2. La prise de conscience est un phénomène particulier

Dans la panoplie extraordinairement riche qui se trouve à l'intérieur de notre cerveau, la prise de conscience occupe une place particulière.

Elle se différencie de l'intuition

Bien sûr, l'intuition joue un rôle important dans la prise de conscience. L'intuition peut être définie comme une sensation immédiate nous alertant sur un danger ou une situation que notre mental n'a pas encore eu le temps d'analyser. Prise de conscience et intuition habitent donc bien ensemble dans la même partie de notre être, celle qui échappe d'ordinaire à notre raisonnement conscient. D'ailleurs, le phénomène de la prise de conscience soudaine est aussi parfois appelé « l'évidence intuitive ».

L'intuition est sans doute très proche d'une sorte d'instinct sensitif ; elle nous est donnée comme une antenne sensible permettant de capter des signaux infimes. L'intuition nous dit ce que notre pensée ne peut élaborer par manque de renseignements rationnels et tangibles. Par exemple, l'intuition nous alerte face à une personne s'apprêtant à nous tromper ou à nous agresser, alors qu'aucun signe extérieur n'est encore perceptible. L'intuition nous pousse à agir, à prendre des décisions, nous fait réagir face à des événements. C'est une alliée précieuse.

Un ancien vigile nous a raconté l'histoire suivante. Un jour, dans le centre commercial qu'il surveillait, il croise trois hommes en survêtement et portant des sacs de sport. À l'instant où il les croise, son sang se glace. Il court prévenir son chef. Pour lui, c'est certain, ces trois-là viennent faire un mauvais coup. Mais notre vigile n'est pas entendu. On n'arrête pas des gens sur un simple pressentiment ! Alors, il court voir le directeur du centre, force sa porte, lui explique la situation. La police est avertie. Une brigade se saisit des trois hommes. Dans leur sac, on trouve des armes. Voilà l'histoire d'une intuition écoutée !

Mais l'intuition ne nous mène pas forcément à une transformation intérieure. Sentir qu'Untel me ment, ou qu'un danger va surgir là où je ne le vois pas encore, ne remet pas ma façon de vivre en question. C'est la grande différence avec la prise de conscience. Celle-ci peut enclencher d'autres révélations, directement ou en cascade. Notre plan de vie tout entier peut en être modifié.

On pourrait résumer cela en disant que l'intuition est un sens à notre disposition pour peu que nous voulions bien l'écouter, alors que la prise de conscience est un apprentissage express, une révolution intérieure nous tombant dessus sans que nous le voulions. Toute intuition n'est pas prise de conscience, mais toute prise de conscience possède sa part d'intuition.

D'autre part, autant l'intuition est dans l'immédiateté, autant la prise de conscience soudaine est précédée d'un processus, d'une lente et sourde évolution, d'une germination secrète et d'un méandre de sensations.

Nous verrons au cours de ce livre qu'il est possible de distinguer les étapes de ce processus intérieur, même si la prise de conscience se situe dans un domaine totalement subjectif et très personnel. Nous avancerons quelques hypothèses sur ce qui peut favoriser sa venue.

En résumé, intuition et prise de conscience sont apparentées l'une à l'autre mais se différencient par leurs modes d'apparition, par leurs fonctions et leurs conséquences.

Ce n'est pas la révélation d'un secret

« Bon sang, mais c'est bien sûr ! J'ai compris ! », s'exclame le détective trouvant son coupable, le joueur résolvant l'énigme ou l'épouse trouvant un texto compromettant : le secret sort de l'ombre, dévoilé au grand jour.

La révélation du secret peut enclencher une série d'interrogations déstabilisantes : « Pourquoi n'ai-je rien vu ? », « Comment ai-je pu ignorer ce point si important ? », « Pourquoi me suis-je choisi un compagnon d'évidence peu fiable ?... » On peut aussi ignorer ces questions ou les mettre de côté. La révélation d'un secret ne conduit pas obligatoirement à des remises en question mais il est vrai que cela peut leur ouvrir la porte.

Comme toute perturbation, le dévoilement du secret favorise des questionnements, par exemple la mise au jour de comportements inconscients d'échec ou d'évitement. C'est donc une possible étape vers une prise de conscience.

Sherlock Holmes n'a pas de prise de conscience lorsqu'il rapproche mille indices permettant de confondre le meurtrier. Il s'appuie sur son exceptionnel esprit analytique et sur son intuition. Il n'a pas besoin d'une prise de conscience pour résoudre le crime. En revanche, il en a une lorsqu'il comprend qu'il ne pourra jamais venir à bout de son ennemi numéro 1, symbole de l'Esprit du mal. Là, il est secoué jusqu'au fond de son être sur le sens de ce combat. Il est grandi par une compréhension très profonde concernant la rivalité des hommes et le sens du combat entre le Bien et le Mal.

La révélation d'un secret peut donc éventuellement susciter une prise de conscience. Ce n'est pas une conséquence obligatoire mais un résultat possible parmi d'autres.

Elle va toujours dans le sens d'une plus grande ouverture d'esprit

Ni uniquement intuition, ni seulement dévoilement d'un mystère, la prise de conscience se situe dans un registre voisin, celui de l'élargissement de l'entendement. Elle provoque un accroissement de discernement, de connaissance, d'intelligence et par conséquent de compréhension et de tolérance vis-à-vis de ce qui nous différencie d'avec autrui. Elle accroît la connaissance de nos propres fonctionnements. Elle augmente notre sensibilité envers nos frères humains.

C'est une caractéristique importante qui la différencie des prises de position sectaires et fanatiques. Elle n'est pas une élaboration venue d'un endoctrinement lorsqu'une personne se laisse persuader que son raisonnement est le seul, le bon, unique explication du monde, valable pour tous et auquel tous doivent se plier. La prise de conscience est un phénomène individuel, vrai à un instant donné et seulement pour celui qui en est le sujet, concernant sa vie propre et singulière. C'est une réponse intime, venue du tréfonds de l'être et non d'une explication extérieure et déjà construite.

Elle nous incite à franchir les cadres posés par l'éducation, la culture, les normes familiales, la religion, l'ensemble des façons habituelles et courantes de faire et de penser, pour aller dans le sens d'une conception plus large et convenant mieux à notre actualité.

Elle nous fait vivre la découverte d'un nouveau continent à l'intérieur de notre être. Comme dans les rêves où, en se promenant dans sa maison, on s'aperçoit de l'existence d'un jardin ou d'une pièce inconnue.

Au contraire, la prise de position sectaire et fanatique ferme l'individu à sa créativité intérieure puisqu'il s'oblige à rester confiné dans le cadre contraint d'une doctrine. La maison est fermée à triple tour.

En anglais, un mot existe pour désigner la prise de conscience immédiate : l'*insight*. Le dictionnaire lui donne cette définition : au sens premier, l'*insight* est un moyen de voir avec son œil intérieur, c'est-à-dire intuitivement. Puis, dans un sens plus large, l'*insight* est la révélation de la nature intérieure ou cachée des choses, les faisant apparaître différemment.

Accepter qu'une même chose puisse être perçue sous des angles divers, c'est forcément ne plus être enfermé dans des explications monolithiques, rigides et autoritaires. C'est faire l'éloge de la différence et rendre hommage au doute.

La prise de conscience se différencie de la révélation religieuse

La différence entre prise de conscience et révélation peut paraître subtile mais elle est réelle. Le phénomène de la révélation divine est commun à toutes les grandes religions et traditions du monde. Nous nous sommes penchées dessus au cours de notre enquête. Nous avons relu les expériences de grands saints comme Jean de la Croix, Thérèse d'Avila ainsi que celles de personnages importants issus d'autres cultures. Nous avons écouté celles de nos contemporains. Par exemple, quelqu'un comme Claire Ly raconte dans son livre-témoignage *Revenue de l'enfer. Quatre ans dans les camps khmers rouges*[1] comment elle a un jour senti la puissance extraordinairement apaisante d'une présence divine, après des mois de souffrances inouïes.

D'autres relatent comment ils ont vécu l'expérience d'une divinité non pas transcendante, en dehors du monde, mais immanente, contenue dans la matière et la nature, et se révélant à eux dans toute sa puissance.

Toute illumination est de l'ordre de l'expérience.

---

1. Éditions de l'Atelier, 2002.

À notre avis, ce n'est pas tout à fait la même chose pour la prise de conscience. Celle-ci est, elle aussi, une expérience, mais elle est également le fruit d'un processus de la pensée.

On peut y distinguer les étapes d'une évolution. On peut voir comment et sur quoi agit l'apparition de la prise de conscience. On peut la favoriser, l'accompagner, la remettre en question, la dérouler, la comparer, l'approfondir, la nuancer…

Ce n'est pas le cas de la révélation divine qui, par son essence même, échappe à toute analyse et se situe dans le champ de pure subjectivité, ne se discute pas mais se constate uniquement. L'expérience divine ignore la limite du raisonnement et n'a pas d'autres références qu'elle-même.

Au contraire, la prise de conscience se formule avec l'aide du mental et de l'intellect. La prise de conscience peut avoir la puissance d'une révélation et d'une illumination, mais une fois passé le choc de l'émergence d'un nouveau concept, ce qui a été compris est intégré à la pensée consciente.

Il résulte de la prise de conscience davantage de respect pour soi et les autres

La prise de conscience, l'*insight*, mène à franchir certaines limites, dépasser des peurs afin d'accomplir nos potentialités. Que se passe-t-il ensuite ?

Comme un peintre, nous osons prendre la palette des couleurs de notre vie et les dresser sur la toile de notre destin avec une nouvelle perspective. L'humour parfois, contre toute attente, pointe son nez : « J'en ai mis du temps à y voir clair ! »

Si nous faisons l'expérience de sentir profondément ce qu'est la vie, nous nous approchons immanquablement de sa beauté. La majorité des personnes témoignant dans ce livre a connu des moments inoubliables de grâce, de légèreté et de joie, dans les jours qui ont suivi leurs prises de conscience. Rien n'est plus apaisant que de comprendre le sens de ce qu'on vit, même s'il s'agit du franchissement d'une épreuve. Rien n'est plus douloureux que de ne pas comprendre.

En devenant plus en accord avec nos vies, nous manifestons tout naturellement davantage de douceur et de compréhension pour les êtres qui nous entourent. La prise de conscience nous amène à concevoir la vie d'une façon beaucoup moins rigide, avec moins de jugements et de certitudes abruptes.

En apprenant à nous traiter nous-mêmes avec respect, nous apprenons aussi à le faire pour les autres. C'est un pas vers davantage de sagesse. Nous allons le voir avec Michel. En toute simplicité et confiance, il relate comment il a vécu une seconde naissance en sortant d'un tunnel apparemment interminable.

II

Entendre n'est pas comprendre

Les deux témoignages à venir montrent une prise de conscience en crescendo jusqu'à la mise en mots si claire et si précise que l'individu en est « retourné » au sens propre : il se voit autrement.

1. Un homme banal

« Je suis un homme banal »

Michel, 36 ans, enseignant.

J'étais... comment dire... le vide, la lassitude, une tristesse sans fond... Le travail, les autres, la rue, parler, échanger même pour dire « bonjour »... étaient devenus des épreuves quasi insupportables. Je ne voulais plus voir personne. Je ne voulais plus sortir. Je me suis enfermé chez moi.

J'ai vécu comme ça, tout seul, terré comme un lapin pendant des jours et des jours, avec juste les sorties indispensables pour acheter de quoi manger, en me glissant dans le magasin les dernières minutes avant la fermeture, en espérant surtout que personne ne me regarde ni ne m'adresse la parole.

J'ai vraiment eu l'impression de tomber dans un trou sans fond. Plus rien n'avait de sens, tout était creux, minable, petit. Je vivais une sorte d'effondrement intérieur. J'étais pris dans une étendue de sables mouvants. Toute tentative de pensée ou idée d'action m'enfonçait davantage dans cette grisaille. Alors, je ne bougeais plus. Quelle était la cause de cet état ? Le départ de Carole ? Oui, bien sûr, ça a été un sacré coup dur. Je ne m'y attendais pas du tout. Je n'ai rien vu venir. Mais si je suis vraiment honnête, j'avais commencé à me sentir mal bien avant cette rupture. Carole était un « facteur déclenchant » comme disent les spécialistes au chevet du malade.

Cela faisait quelques années que j'avais la sensation de tourner en rond. D'être mécontent de la tournure qu'avait prise ma vie mais sans vraiment savoir ce que je voulais, ni comment l'exprimer.

Et maintenant, j'étais là comme un idiot dans cet appartement, à me demander qui j'étais. Qu'avais-je à faire avec ce type que je regardais dans le miroir de la salle de bains ? Avec ce bonhomme dénué de tout intérêt, promis de toute façon à l'anéantissement, avec sa bedaine bourgeonnante et ses manies ? Je me sentais tel un mort vivant. Lorsque, des années plus tard, j'ai vu une gravure illustrant le *Purgatoire* de Dante avec ces ombres errantes et malheureuses, pas assez mortes pour reposer, pas assez vivantes pour pleurer : oui, je me suis reconnu dans ces semaines terribles. J'étais vraiment comme ça, un mort vivant, un vivant mort. Un entre les deux, ne sachant plus comment il s'appelle.

Un soir, ma voisine, m'ayant croisé dans une de mes rares sorties, a appelé les urgences médicales, persuadée que je risquais de me suicider ! Quand le médecin a vu mon appartement en désordre (vraiment total, c'est peu de le dire !), sale, sombre, probablement puant le renfermé – je ne me rendais compte de rien et je m'en fichais – il a voulu m'hospitaliser. Mais j'ai résisté, non, je ne voulais absolument pas, c'était hors de question ! Je n'ai jamais eu l'intention de me tuer. La mort me paraissait d'ailleurs inintéressante et fade : je n'étais bien nulle part, même pas là. Pourquoi une ombre serait-elle mieux d'un côté ou de l'autre ? Mais le médecin a commencé à insister lourdement. Et là, j'ai été obligé de m'opposer à sa volonté.

J'ai dû me défendre pied à pied, en faisant preuve de détermination, convaincre, argumenter, parler de mon désir de solitude, d'une nécessité impérieuse pour moi. Il a fallu me démener pour échapper à cette menace, car cet homme en avait le pouvoir, il pouvait demander un enfermement d'urgence... C'était monstrueux, tout à coup je réalisais que la police pouvait venir, m'emmener de force, me bourrer de médicaments dans un hôpital... Il a bien fallu que je mène une discussion ou plutôt une négociation serrée avec ce médecin.

Il m'a aidé à réaliser combien je voulais rester avec moi-même, comme s'il me fallait franchir une porte intérieure, descendre dans mes profondeurs. Il me fallait être seul, inactif, dans le vide. Je devais faire le point, en cassant complètement le rythme infernal qui avait été le mien toutes les années précédentes.

Je parlais à ce médecin, je lui disais, « Je veux... je décide... je ne risque rien, ayez confiance, je ne suis pas délirant ! » : et pour la première fois, je me suis senti responsable de ce qui m'arrivait. Je veux dire que ce n'était plus une catastrophe subite et inattendue, survenue par hasard, mais bien une étape sur ma route personnelle, pour atteindre une partie enfouie de mon être.

En vous parlant de tout cela, je réalise l'importance de la rencontre avec ce médecin. Il est resté plus de deux heures, pendant lesquelles j'ai été au supplice de devoir parler. Dès qu'il a eu le dos tourné, je l'ai maudit et insulté. J'ai déchiré son ordonnance. Mais il m'avait contraint à exprimer mon désir et à parler comme un homme confronté à son destin. Cela m'a fait beaucoup de bien.

Dès lors, j'ai senti un mieux, enfin, un moindre mal.

Quelques jours plus tard, la compréhension profonde est arrivée.

Il y avait une plante sur un appui de fenêtre. Par hasard, mon regard s'est posé sur elle. Elle s'acharnait à vivre dans son pot en plastique, avec ses feuilles recroquevillées et à moitié desséchées. Comment avait-elle survécu à mon manque de soins ? Je l'avais complètement oubliée. Avant, c'était

Carole qui s'occupait de ça. Je ne suis pas du genre « main verte », je n'ai aucun goût pour le jardinage urbain, les balcons fleuris. Les pots de géraniums m'ennuient au plus haut point... Cependant j'admirai sa résistance. Je lui ai donné un peu d'eau. Je l'ai regardée, touché ses feuilles raides, sa tige si fine. À la réflexion, je nous trouvais bien des ressemblances. Moi non plus je n'étais pas mort, moi aussi j'avais survécu mais je n'étais guère dans un état plus brillant qu'elle.

Elle était seule, moi aussi. Moi aussi j'étais dans un pot : celui de mon identité, de mon histoire, de ma profession, de mes obligations. Elle n'avait pas choisi d'être rivée à cette fenêtre et moi j'avais la sensation de n'avoir pas choisi grand-chose dans ma vie, pour ne pas dire rien.

Contrairement à elle, j'avais la liberté de mouvement, mais qu'est-ce que j'en faisais ? Je venais de l'arroser, de lui redonner un peu de vie et pourquoi ? Ne serait-ce pas mieux de la laisser aller vers son destin d'herbe sèche à mettre à la poubelle ? Qu'est-ce que j'espérais par ce geste : la faire repartir en croissance ? Ou m'était-il insupportable de voir une vie disparaître, aussi quelconque soit-elle ? Qu'est-ce que c'était la vie, y avait-il un but ? « Pour quelles raisons suis-je sur cette terre ? » Cela ressemblait à un mauvais dossier de magazine sur le destin, vous savez, comme la vieille blague « Dans quel état j'erre ? » Je me suis moqué de moi ! Pourtant, c'était là une de mes pensées lancinantes depuis toujours : quelle raison ?

J'avais cherché ma mission, en vain. Quel est le but ? Et si je ne le trouve pas, si je ne m'exprime pas dans cette mission, n'est-ce pas parce que j'en suis incapable ? Est-ce que je rate ma vie ? Je dois avoir une mission ! Je souffrais de cette peur de louper quelque chose d'essentiel.

Et maintenant, en regardant cette plante, je me posais une nouvelle question : y a-t-il quelque chose à trouver, à accomplir ? Une raison à être ? Et elle, pourquoi existait-elle et avec elle des centaines de milliards d'autres végétaux ? Y avait-il un sens à chercher dans cette vie en pot, pour elle et pour moi ?

Je pouvais seulement constater sa vitalité et ne pouvais me résoudre à la laisser mourir, à la jeter comme un déchet inerte. Qui étais-je pour avoir ainsi le droit de vie et de mort ? Pour dire : ta vie est inutile puisqu'elle ne sert à rien ? Je ne pouvais pas fermer les yeux sur sa volonté obscure et mystérieuse de plante à pousser malgré tout, même insignifiante et laide. Elle avait tenu jusque-là, je lui devais bien un coup de pouce.

Et si le soin pour la vie se justifiait simplement parce que c'était la vie ? Y avait-il besoin d'une autre motivation, d'un grand destin, d'une mission, d'un objectif ou d'un accomplissement extraordinaire ? La vie même suffisait, c'est ce qui m'est apparu alors clairement et avec une certaine violence.

D'un coup, je me suis rappelé une réflexion de Carole qui m'avait mis hors de moi. Un jour que nous discutions de nos projets de vie, et que, sans doute, j'avais exprimé la nécessité d'accomplir de grandes choses, elle m'avait répondu : « Nous sommes des gens très banals, nous sommes tous des gens banals. » Cela m'avait exaspéré. Je ne l'avais pas trop montré, mais je l'avais trouvée nulle. Le souvenir de la scène est resté gravé en moi, provoquant la même irritation à chaque fois que j'y repensais. Une parole de bonne femme qui veut se faire son petit nid avec son homme et ses gosses… Belle ambition ! *Banal* : comment pouvais-je admettre ce mot ! Il me retournait et me mettait terriblement en colère. En même temps, il n'avait cessé de m'interroger.

J'avais à faire quelque chose d'important dans cette vie. Je l'avais toujours senti, d'aussi loin que remontaient mes souvenirs. Quelque chose d'important, oui, mais quoi ? Un devoir, une œuvre, du genre impérissable, extraordinaire. J'étais forcément quelqu'un de spécial. Mon destin ne saurait être celui de tous. Moi, *banal* ? Banal… Ce mot m'atteignait de plein fouet, encore une fois. Mais à présent, il résonnait différemment. Cette petite plante était *banale*, vivante et *banale*. Quand on est *banal*, il n'y a rien de spécial à faire, mais juste à vivre, à prendre la vie offerte. La vie, le monde, les gens, l'Univers, le cosmos, Dieu… que sais-je… n'attendaient rien de moi. Voilà, j'ai soudain réalisé cela : « Je suis un homme banal. »

J'avais à exister du mieux possible, point final. Je n'avais pas le devoir de vivre, j'avais à vivre rien que parce que la vie m'était offerte.

C'était ça ma découverte : j'étais un être ordinaire. Je n'avais aucune mission particulière ou exceptionnelle à accomplir. Je n'avais rien à démontrer à je ne sais qui. Cette prise de conscience de mon « ordinarité » m'a secoué fortement et m'a presque immédiatement soulagé. Je me suis senti considérablement libéré. Je n'avais plus à vivre dans la tension perpétuelle de faire absolument quelque chose d'indéfinissable, d'extrêmement important, et qui d'ailleurs m'échappait. Je n'avais plus à être dans la peur de rater un épisode essentiel, de louper ma fameuse mission, de ne pas me situer dans les premiers de la classe, dans l'élite, parmi les élus de la société et du Paradis, d'être absolument différent.

Je n'avais plus à me crisper sur mes résultats, tout faire pour avoir une haute considération de moi-même et l'imposer aux autres. Me raconter des histoires sur mon importance et mon exceptionnalité. « Je suis un homme banal », comme tout le monde. Ce n'était plus l'horreur. Soudain cela voulait dire : être libre enfin, être, être, être, tout simplement être ! Et non paraître, et non vouloir être quelqu'un d'autre. Je me répétais ce mot « être ! » sans avoir à rendre de comptes à personne !

« Nous sommes des gens très banals », et maintenant je disais « Oui », je répondais dans ma tête à Carole « Oui Carole, je suis un homme banal » et j'en aurais pleuré de joie. J'étais déchargé d'un poids exorbitant. Je lui disais

« Merci Carole, merci de me le dire, de me le rappeler, j'avais oublié la vie, simplement la vie. » J'ai eu l'impression de recevoir la permission de vivre, de jouer, de respirer, d'aller vers tout ce qui était possible, à mon rythme, sans avoir à chercher ni à atteindre, ni à attendre quelque chose. Quelle légèreté !

Tout cela s'est passé en quelques minutes, du moins en ai-je l'impression. J'avais toujours cette plante verte devant moi. Je ne la regardais plus pareil, nous étions de la même famille maintenant. Portés par le hasard d'être là, nous partagions le même air, la même eau, le même temps, une fragilité semblable, l'un et l'autre parfaitement uniques et parfaitement ordinaires : vivants. À chacun de se débrouiller avec cela. J'avais ce pouvoir de lui donner de l'eau et de l'aider. Elle me montrait une puissance vitale ne renonçant jamais. Cette force de vie, nous en étions elle et moi des passeurs, chacun dans notre genre : oui, la vie me traversait, me portait, me prenait et me quitterait un jour définitivement. Je n'avais pas à me justifier du fait de vivre. Je n'avais pas à exiger quelque chose de la vie, rien ne devait m'être donné. J'avais à accepter la vie, l'intensité de la vie. Sa préciosité. Sa rareté. Sa *banalité.*

J'ai eu envie de m'acheter du pain frais et de me faire un vrai petit déjeuner en écoutant de la musique. J'ai mis une veste laissée depuis longtemps dans l'armoire. Dans la poche, il y avait la carte d'une thérapeute croisée de nombreux mois auparavant chez des amis. Comme ma plante, j'avais besoin de quelqu'un pour me donner de l'eau, des soins, de l'attention, de la présence. Un accompagnement marquant ma nouvelle entrée dans le monde des vivants, ma naissance à une autre façon de vivre. Une main qui me réintroduise dans la chaîne de la vie en tenant fermement la mienne. J'ai appelé cette personne inconnue. C'est simple à dire, mais je suis resté des heures près du téléphone en hésitant. Elle m'a immédiatement donné rendez-vous.

Voilà comment je suis sorti de mon hiver personnel. J'ai lentement accédé à une autre étape de ma vie ; j'ai grandi en compréhension et en force, avec des rechutes et des temps difficiles, c'est vrai, mais plus jamais cette mort qui ne dit pas son nom, ce vide de tout dans lequel je suis tombé cette année-là. Il y a eu un avant et un après. J'ai changé en mieux mais c'est une autre histoire, non achevée, toujours en route. Je suis un homme *banal,* un cœur battant sur un chemin. Maintenant, je me permets de prendre mon temps. La vie a changé de couleur. Elle s'est faite plus douce et plus tranquille et paradoxalement, alors que cette idée d'un destin exceptionnel m'a quitté, cette vie s'est faite aussi plus profonde et plus vraie.

Vous pouvez raconter dans votre livre la façon dont je suis sorti du puits : vous savez, cette case du jeu de l'oie où l'on reste bloqué sans pouvoir avancer ni reculer.

Je vous remercie de m'avoir demandé mon témoignage, cela me permet de me rappeler ce que j'ai alors saisi et dont je sens combien c'est essentiel pour moi de me le rappeler encore et encore : je suis un homme ordinaire, *banal* et c'est à moi de prendre la vie pour ce qu'elle est, à chaque instant. Et je dois vous dire que je la trouve très riche et complète.

2. Des étapes pour sortir du tunnel

Le récit de Michel, si touchant, présente des caractéristiques communes à bien des témoignages recueillis. Sa prise de conscience clôt une période où il s'était retiré du monde par trop de mal-être. Il ne sort plus, ne voit plus personne.

Nous verrons dans les témoignages à venir que les grandes prises de conscience se produisent souvent à l'occasion d'une rupture, d'un accident, d'un passage douloureux, à des époques où l'ordonnancement habituel de la vie quotidienne est bouleversé.

Au cœur de ces jours sombres durant lesquels il tourne en rond, Michel est contraint de dialoguer avec un médecin. Cet homme, probablement bien renseigné sur le danger réel du suicide chez un individu dépressif, veut le faire hospitaliser. Il s'ensuit des heures d'un échange difficile : volonté contre volonté, mais aussi et surtout, paroles et écoute. La tension, l'angoisse et vraisemblablement l'énorme effort d'explication consenti par Michel, l'obligent à aller chercher des ressources dans son être le plus profond.

On imagine sans mal la scène aux premières heures de la nuit, dans un appartement aussi chaotique que l'état d'esprit de son locataire. L'inquiétude du médecin, sa responsabilité engagée, sa répugnance peut-être à demander un internement d'office en hôpital psychiatrique, ses qualités de vigilance et de patience. En face, un individu se sentant happé dans la perspective terrifiante d'être dépossédé de sa liberté et soumis à la contrainte.

Pour expliquer, prouver, rassurer, Michel doit employer le « je », s'affirmer, lui, l'ombre rasante des murs. Il reprend corps dans la nécessité de prouver sa capacité à survivre. Mieux même, il doit revendiquer sa « crise », comme période nécessaire à sa vie tout entière. Comme il le dit lui-même si bien, il se reconnaît enfin responsable de son engloutissement, donc ayant le pouvoir d'en sortir comme il a eu la capacité d'y entrer.

Pour le sujet, la prise de conscience est d'abord une réappropriation d'une part de lui-même, une part lui échappant, incompréhensible, indéchiffrable, à l'absence énervante comme ces énigmes dont on sent la solution sans pouvoir mettre le doigt dessus, comme ces mots qui fuient alors qu'on les a « sur le bout de la langue ».

Comment faire émerger cela, sans d'abord se sentir à nouveau une personne complète, un « je » en action ? Ce à quoi a contribué le dialogue avec le médecin.

Nous trouverons souvent, dans les témoignages recueillis, la rencontre de hasard (est-ce le bon mot ?) qui met sur la voie du questionnement se révélant libérateur.

Enfin, face à une plante *banale*, l'éclair de compréhension surgit.

La prise de conscience est l'apparition claire dans le monde de la pensée, d'une idée, d'une considération, d'un concept, devenant une évidence, une réalité profonde et incontournable.

Elle vient d'un coup, précédée d'événements qui la construisent peu à peu, lui donnent forme, avec des rebondissements amenant progressivement à un état où la prise de conscience devient enfin possible, comme s'il fallait la mûrir avant de la cueillir vraiment.

Michel a saisi en lui-même une croyance si fortement enracinée qu'il ne lui était même pas possible de la formuler. C'était sa tache aveugle. Sans s'en rendre compte, il n'était pas dans le mouvement de la vie mais figé dans une attente. De quoi ? Il croyait confusément qu'il devait accomplir quelque chose d'exceptionnel. Son destin ne pouvait être celui des autres. De ce fait, il n'était jamais à l'aise avec lui-même, ni bien dans sa vie : trop simple, à jamais trop *banale*...

Dans presque tous les cas rapportés au moment où surgit la compréhension, la personne voit émerger une part hors d'atteinte de sa conscience. En général, c'est une croyance bien ancrée et cachée. L'individu fonctionnait avec, sans s'en rendre compte. Pour oser une métaphore, c'est comme si nous avions à l'intérieur de notre programme de vie, des ordres cachés qui nous influenceraient dans nos choix et nos émotions. C'est un aspect masqué de nous-même qui se découvre alors.

Le sujet vivant une prise de conscience fondamentale découvre les raisons de ses agissements passés. Il peut dès lors faire évoluer son point de vue et choisir lucidement une autre manière d'être, de penser et de faire. C'est souvent une expérience fondatrice à partir de laquelle nous pouvons transformer notre rapport aux autres, à la société, à nous-même.

Dans tous les témoignages, nous retrouverons la puissance de l'impact du « prendre conscience ». La destinée peut ainsi être infléchie parce que la façon d'aborder la réalité du monde a l'occasion d'être modifiée.

Le « tilt », le « *Eurêka* ! », le « Ah ! » du « J'ai compris ! » survient par des étapes successives de conscientisation.

Des mois plus tard, Michel comprend réellement la réflexion de Carole « Nous sommes des gens banals ». Sur l'instant, elle l'avait simplement profondément agacé mais sans pouvoir dire pourquoi. Il ne l'avait jamais oubliée.

Cette phrase était restée brûlante dans sa mémoire. Pour qu'un souvenir reste ainsi ancré dans la mémoire proche, il est quasi certain qu'il lève une question ou un étonnement important. La réflexion de Carole venait de plein fouet en contradiction avec une croyance inconsciente. Il a fallu tout un cheminement pour que s'en dévoile enfin le sens.

Ce temps de gestation entre le fait entendu et la compréhension véritable se retrouve dans d'autres témoignages comme, par exemple, celui de Bernadette.

3. COMPRENDRE… LE LENDEMAIN

Bernadette, la quarantaine, vient en médiation avec Camille, une amie d'enfance. La situation est la suivante : Bernadette voue à Camille une amitié qu'on pourrait qualifier de passionnelle. Elle imagine difficilement se passer d'elle pour les sorties, les balades, les vacances. Elle lui demande son avis pour tout. Un froncement de sourcil, un silence de Camille, la met dans tous ses états. Elle tente de prévenir ses demandes et ses besoins. Elle est aux petits soins avec elle.

Camille s'est laissé faire, sans doute flattée de susciter un tel dévouement, mais au fil du temps cette exclusivité finit par lui peser. Leur relation devient difficile. Plus Bernadette cherche à faire plaisir à Camille, plus celle-ci s'en agace et la tourmente. Camille se montre parfois très désagréable, pose des lapins, fait courir Bernadette dans tout Paris pour une course, dispose d'elle puis l'accueille d'un mot cassant… Lorsque, excédée, Bernadette se plaint ou pleure, Camille la console…

Elles se rapprochent et tout recommence.

Les sautes d'humeur de Camille ne découragent pas Bernadette, bien au contraire. Plus elle se fait rabrouer, plus elle répond par une soumission toujours plus grande, entremêlée de colères refrénées et de lamentations.

Bernadette admire Camille, brillante, attirante, dotée d'une belle volonté et énergie de vivre. Alors que Bernadette est toujours dans la crainte du jugement d'autrui et n'ose se montrer. Camille est l'image de ce que Bernadette voudrait être.

Au cours de la médiation, les deux femmes mesurent l'impasse dans laquelle elles sont. Camille a besoin de se retrouver et demande fermement à Bernadette de rompre leur relation pendant un temps, pour faire le point. Bernadette accepte, elle aussi a besoin d'y voir clair.

Mais les semaines qui suivent, sans Camille, la plongent dans une sorte de panique, une envie de mourir, un tel tourment qu'elle revient seule pour en parler. Elle commence alors à s'interroger sur sa capacité à être une femme libre et indépendante. En amitié comme en amour, elle réalise qu'elle ne trouve son plaisir que dans l'obéissance et l'oubli de soi. Mais quel « plaisir » ? Triste, avec une sensation permanente d'injustice et de manque.

Un jour, Bernadette évoque une visite récente à sa vieille mère. Une discussion avec celle-ci l'a bouleversée. Elle se demande : « Qu'est-ce qui me touche tant là-dedans, à me faire pleurer, dès que j'y repense ? »

« Une discussion bouleversante »

Bernadette.

Ce n'est jamais facile pour moi de voir maman. Nous avons toujours eu du mal à nous comprendre. D'ailleurs, pour dire le fond de ma pensée, j'estime qu'elle ne me connaît pas du tout et cela depuis toujours. Elle ne m'a jamais interrogée sur ma vie ou sur ce que je pensais... encore moins sur ce que je ressentais ! Cela m'est douloureux parce que je crois que je l'aime profondément. Elle m'a manqué bien qu'elle ait toujours été là physiquement, mais loin d'un point de vue affectif.

Je ne sais pas comment c'est venu, mais dimanche dernier elle s'est mise à évoquer des anecdotes de mon enfance, ce qu'elle ne fait jamais. Elle m'a raconté comment je m'accrochais à elle quand elle partait, en hurlant, en la suppliant de ne pas s'en aller. Elle m'a dit qu'un jour j'ai déchiré sa robe. Une autre fois, je me suis jetée de désespoir contre un mur, si fortement qu'il a fallu appeler le médecin. Je lui ai demandé : « Mais quel âge avais-je, et où partais-tu ? » puisque ma mère n'a jamais travaillé… « Tu avais 3, 4, 5 ans… », me dit-elle. « Tu ne t'en souviens pas mais, à cette époque, j'étais très militante dans le mouvement des familles chrétiennes. J'y allais pour faire des tas de choses, tenir des permanences, visiter des familles pauvres… C'était très prenant. »

Non, je ne m'en souvenais pas et je crois même ne l'avoir jamais su. Je lui demande encore : « Mais tu me laissais à qui ? À Antoine (mon grand frère) ? » « Antoine ? Ah non, je ne pouvais pas compter sur lui, il était toujours fourré chez ses copains… Non, je te laissais, voilà, tu étais très sage dès que j'étais partie. La crise, c'était juste au moment du départ, après ça allait. Un caprice, quoi… La voisine jetait un coup d'œil régulièrement, tu ne te souviens peut-être pas, mais c'était la maison juste à côté, elle passait voir si tout allait bien. Tu aurais pu aller chez elle bien sûr, mais c'est toi qui ne voulais pas. D'ailleurs, il n'y a jamais eu de problème, il n'est jamais rien arrivé, tu jouais tranquillement, tu ne bougeais même pas. Quand je rentrais, je te retrouvais à la même place… voilà. Après tu as grandi, tu es allée à l'école. »

J'en suis restée toute chose. Je ne me souvenais absolument de rien. Pour moi, s'il y avait un absent à la maison, c'était papa, dont l'éloignement me faisait mal. Il était dans le commerce, ne revenait que les fins de semaine et quand il était là, il avait toujours mille choses à faire. Je ne comptais pour rien à ses yeux. Il ne m'a jamais manifesté d'intérêt. Oui, je me souviens d'avoir vraiment souffert de ce père pour lequel le moindre copain était bien plus important que moi.

J'ai dit à maman : « Ce n'est pas étonnant quand même que j'aie eu si peur de tes départs. Papa n'était jamais là, je n'avais que toi... J'étais une petite fille seule, est-ce que tu t'en rends compte ? » Mais j'ai bien vu qu'elle se refermait et elle n'a plus rien dit. Voilà c'est tout, mais j'y pense tout le temps, il y a là quelque chose qui me touche terriblement.

*

Geneviève dit : « Je suis très touchée de penser à cette toute petite fille... Je ressens son abandon et sa détresse. »

« Abandon... répète Bernadette, oui, j'ai eu peur c'est sûr. C'est vrai, j'ai encore peur d'être abandonnée... »

Geneviève, qui anime le groupe, émet une hypothèse : « Existerait-il un parallèle avec ce qui se passe dans ta relation avec Camille ? » « Ah oui, tiens, c'est vrai, c'est très intéressant... » Puis, Bernadette cède son tour de parole à quelqu'un d'autre et la soirée se poursuit...

Le lendemain très tôt, elle se réveille avec la sensation d'entendre réellement la réflexion de Geneviève pendant la séance de groupe.

La phrase sonne dans sa chambre avec le mot « abandon » comme si une voix l'avait crié. Cette fois, elle ne l'entend plus avec sa tête et ses oreilles mais avec tout son être. Elle comprend réellement, profondément, la signification de ce mot. Elle a même l'impression d'être dans son corps d'enfant, suppliante, accrochée à une jupe : celle de sa mère et celle de Camille comme fondues en une seule personne : « Mais oui, c'est ça ! »

Elle se voit tentant désespérément de retenir sa mère, son seul ancrage contrebalançant l'absence du père, puis son silence de petite fille si sage, persuadée que sa maman ne reviendra qu'à la condition qu'elle se fasse toute petite, immobile, transparente, repliée... À l'image de la femme d'aujourd'hui, si douce et terrifiée à l'idée de déplaire, si consentante à l'obéissance et à la soumission, comme si son effacement pouvait faire que l'autre reste... L'autre, si brillant, qui peut à tout moment s'échapper pour répondre à toutes les sollicitations du monde. Comme dans la célèbre chanson de Jacques Brel, *Ne me quitte pas* : « Je me cacherai là à te regarder danser et sourire... Laisse-moi devenir l'ombre de ton ombre, l'ombre de ta main, l'ombre de ton chien mais ne me quitte pas... »

Ce fut pour Bernadette « comme si le monde se renversait », expliqua-t-elle. Tout s'éclairait. Elle était une petite fille blessée par l'abandon et qui tentait de retenir l'amour. Elle a cessé de se trouver idiote d'être toujours en attente soumise des autres. Elle a compris pourquoi. Il n'y avait pas de quoi se culpabiliser.

Il y avait toujours en elle la présence d'une petite fille qui continuait à jouer silencieusement dans une grande maison vide pour que l'autre enfin revienne... Une petite fille qui aurait voulu se fondre dans sa maman pour qu'elle ne s'en aille pas... C'était une image d'une telle puissance qu'à sa simple évocation Bernadette a été submergée d'émotion et, dans le même temps, elle s'est sentie sur le chemin de la guérison. Elle savait maintenant précisément ce qui lui restait à faire : aller chercher en elle cette enfant blessée et rassurer cette part d'elle-même si fragilisée.

Ainsi, il a fallu une nuit de sommeil pour que la compréhension du mot entendu s'impose réellement. Elle a témoigné ensuite qu'elle avait enregistré les réactions à son récit mais sans en comprendre du tout la portée. « Abandon », « Parallèle avec Camille » : des paroles avec lesquelles son intellect était d'accord et cela s'arrêtait là. Enfin, au matin, ces mêmes mots la réveillent comme une fanfare !

Pour conclure l'histoire de Bernadette, il nous reste à dire qu'après cette prise de conscience, dans les mois qui ont suivi, elle s'est dégagée peu à peu de cette paralysie qui la maintenait dans la faiblesse et l'impuissance depuis son enfance. Physiquement, elle s'est redressée. Sa voix a changé, plus grave, mieux posée. Plus personne maintenant ne songerait à lui donner sèchement un ordre car elle est désormais capable de répondre par la négative. Sa découverte intérieure l'a menée à épanouir un aspect d'elle-même laissé en jachère : sa capacité à mener des actions en son nom propre, son autorité naturelle, son affirmation d'elle-même au nom de ses désirs personnels avec la volonté de réussir ses projets. Elle commence sérieusement à développer tout cela.

Nous allons maintenant écouter Katia, qui, comme Michel, a vécu une descente aux enfers et, comme Bernadette, a retrouvé sa dignité grâce à une prise de conscience fulgurante.

III

La phrase révélatrice

Katia a vécu pendant des années l'enfer des femmes battues et humiliées. Jusqu'au jour où une phrase lue dans un livre pris au hasard a été l'élément déclencheur d'un changement intérieur profond et radical.

1. Une femme qui relève la tête

« Je ne connaissais pas vos goûts, vous êtes deux, alors j'ai préparé deux gâteaux, l'un aux abricots, instinctivement j'ai associé ce fruit à Geneviève, et l'autre aux amandes pour Marthe. Savez-vous que votre nom de famille "Marandola" fait référence à l'amande ? Et à la forme oblongue d'une miniature ancienne ? »

Générosité, sens de l'accueil, érudition, curiosité chaleureuse pour l'hôte : Katia ouvre les portes d'une petite et confortable maison jurassienne. Elle est issue d'une vieille famille de l'Est dans laquelle se mêlent des prénoms slaves, germaniques, italiens et français. Sa jeunesse s'est partagée entre l'Allemagne où vivait une grand-mère adorée et la famille d'ici, intellectuelle, universitaire, très unie. Elle se destinait à l'architecture et rêvait de villes faites en matériaux écologiques : bois, terre et pierre.

Mais à 21 ans, elle rencontre D., de dix ans son aîné, déjà dans la direction générale d'un groupe financier. Mince, sec, plutôt petit, très intelligent, homme de pouvoir, excellent stratège, ancien champion d'échecs, fortuné : elle est fascinée par les aspects multiples et contradictoires de sa personnalité. « Je l'ai aimé tout de suite. Il était totalement différent des autres. » Il sait être tendre avec elle, parle poésie et littérature. Esthète, collectionneur d'art mais aussi randonneur, baroudeur même, n'hésitant pas à passer des nuits à la belle étoile pour le plaisir d'une grande marche.

« Pourquoi s'est-il intéressé à moi, alors que des tas de filles splendides le poursuivaient ? M'a-t-il aimée ? Ou a-t-il pensé tout de suite que j'étais l'épouse soumise convenant parfaitement à son train de vie ? J'étais sans doute assez jolie, bien éduquée et cultivée, pour faire une maîtresse de maison acceptable sans jamais lui faire de l'ombre. » Difficile de le savoir, D. ne laissant jamais paraître ses véritables motivations et sentiments. Avec ses collaborateurs, supérieurs ou actionnaires, il est comme avec sa famille et amis : affable, brillant, insaisissable, impénétrable.

« Dès les premières minutes de notre mariage, la règle a été stricte : notre couple devait être beau et en représentation permanente. Il parlait, j'écoutais, en acquiesçant. Ses amis étaient les miens, pas l'inverse. Toute notre vie était dédiée à sa carrière. Notre premier enfant a porté le prénom de la fille d'un grand patron de l'époque. Si quelque chose me mécontentait, j'avais un cadeau somptueux mais la consigne était claire : silence. Les premières années, j'ai totalement adhéré à ce système, je m'y dévouais même. Je pensais que cela lui était nécessaire vu l'importance de son travail. Tous m'y encourageaient, y compris mes parents, ma famille : c'était mon devoir et ma grandeur de soutenir la carrière d'un homme reçu dans le cercle étroit du pouvoir. Mes goûts et mes désirs ne pesaient rien : des enfantillages à oublier... »

Katia se tait. Trois portraits d'enfants à différents âges ornent le séjour, deux filles, un garçon... Des visages souriants mais sérieux, des costumes enfantins très « mode », tirés à quatre épingles... Katia sourit. « Ils se sont rattrapés depuis, heureusement pour eux ! Mais ils en ont bavé ! Ils ont été mes seuls réconforts. »

La première gifle est tombée pour un repas jugé médiocre. Les seuls mots d'explications de D. ont été : « Je dois te tenir. »

« Me tenir... En effet, toute la maison tournait autour de lui, ses goûts, ses habitudes, ses horaires. S'il se reposait, les enfants devaient être totalement silencieux. Je me souviens comme d'un cauchemar des pleurs de Damien bébé. Je l'enveloppais dans une couverture pour l'emmener dans le jardin, en pleine nuit l'hiver, tant je craignais le réveil brutal de D. ! J'étais sans cesse sur mes gardes, en alerte. Ma vie alternait entre les sorties en réceptions brillantes et ma réclusion dans la maison où tout devait être impeccable, mon mari ayant décidé que je devais tout assumer sans aide sauf de temps à autre celle d'une femme de ménage.

Il n'y avait pas une semaine sans critiques : "Tu es vraiment une incapable !" et pas un jour sans reproches, préliminaires à des scènes et, trop souvent, à des gifles et des coups. C'étaient aussi les insultes devant les enfants et des humiliations dont je n'ose même pas parler. En présence d'autres personnes, il n'était que gentillesse avec moi, me donnant des petits noms doux, disant à ses invités : "N'est-ce pas qu'elle est merveilleuse ?" L'horreur de ces repas ! Je tremblais qu'une salade soit jugée un peu défraîchie, un vin à mauvaise température, un couvert manquant... c'était la crise de colère assurée le soir même. Mais bien sûr, absolument personne ne se doutait de rien. Nous étions un couple modèle, cité en exemple dans les bonnes familles autour de nous ! »

Comment dire la terreur en cuisine et le sourire devant les invités, le mélange sournois de compliments et de piques, de complicité et de cruauté, la découverte de l'alcoolisme caché de D. et surtout de ses prises régulières de cocaïne, le silence, la peur terrible de parler, la frayeur que les enfants ne deviennent victimes à leur tour, la solitude devant l'aveuglement des autres…

La famille habite Bruxelles, Londres puis Genève, toujours dans les beaux quartiers. Les enfants grandissant, la vie dans la maison devient un tel enfer que Katia supplie et obtient que les filles soient placées en pension. Damien, le plus jeune, reste seul enfant à la maison. Il a seize ans. Un soir, rentrant à l'improviste, il surprend son père, ivre, en train d'étrangler sa mère. Il saute sur lui, le ceinture, le frappe, le jette au sol, le menace : « Si tu touches encore une fois maman, je te défonce la gueule ! » D. quitte la pièce sans un mot. Katia est morte de honte devant son fils.

Après cette scène violente suit une période calme où D. relâche sa pression, se fait silencieux et discret. Katia souffle.

Dans cet intervalle, un couple d'anciens amis de l'université, Pascale et Mark, ressurgit dans sa vie. Invitée chez eux, elle a un choc.

« Ils avaient créé ce dont j'avais rêvé, une famille vivant dans un climat serein. Pascale, traductrice, me parlait de ses projets. Moi, je n'avais rien à dire. Le jour où elle a sorti d'un carton de vieilles esquisses de maisons faites ensemble vingt ans auparavant, j'ai fondu en larmes. Que de gâchis, que de rêves perdus ! Là, j'ai réalisé mon premier acte de révolte, j'ai repris des études en décoration en m'inscrivant en cachette à des cours par correspondance. J'ai pris une boîte postale sous mon nom de jeune fille, j'avais tellement peur de D., sûre d'une scène terrible s'il l'apprenait. »

Quelques mois plus tard, Damien part à son tour en pensionnat. Le soir même de son départ, D. rentre très tard, de toute évidence sous l'emprise de l'alcool et de la drogue. Les coups tombent exceptionnellement violents. Katia réussit à s'enfermer dans une chambre après avoir livré un véritable combat au corps à corps, et elle y reste, terrorisée, jusqu'au départ de D. le lendemain matin. Dans l'après-midi, on sonne à la porte, c'est Pascale. Elle lui dit : « Ta voisine m'a appelée. Elle a tout vu. Il va te tuer. Viens. »

« J'ai pris une valise, quelques affaires et je suis partie. Pascale avait les clés d'un tout petit studio laissé provisoirement par un ami, en plein centre de Genève. Nous avons travaillé plusieurs heures pour nettoyer et ranger. Le soir pour la remercier je lui ai préparé un plat de pâtes… Nous avons dîné ensemble, beaucoup parlé et puis elle est partie. D'un coup, je me suis retrouvée seule pour la première fois depuis mon mariage, depuis plus de vingt ans ! Ça a été, comment dire ? Une chute vertigineuse. Je n'avais plus rien, ni famille, ni métier, ni argent. Je devais me cacher. J'avais peur pour les enfants, je ne savais même pas comment les prévenir. D. avait des relations puissantes. Je le savais rancunier, capable des pires vengeances. Il pouvait me faire déclarer folle et irresponsable, m'accuser de je-ne-sais-quoi ou même me faire assassiner. Qui me croirait, qui pouvait m'entendre ? À part les enfants, la voisine, Pascale… personne ne connaissait l'autre visage de cet homme. »

Katia passe des journées cloîtrées, les volets fermés. Sa libération prend d'abord l'aspect d'une terrible traversée du désert ; elle est perdue, apeurée, culpabilisée, ne sachant plus du tout quoi faire de sa vie. Seuls ses cours par correspondance, déposés discrètement par Pascale, lui donnent un peu de joie. Plusieurs mois passent ainsi dans cette paralysie angoissée. Enfin, un ami avocat lui fait dire que D. vit maintenant avec une autre femme et accepte le divorce, à condition qu'elle n'ait pas un sou, pas un objet, pas même ses effets personnels ou une photo des enfants. Tout ce qui lui reste de ce mariage sont les quelques affaires prises dans sa valise en partant.

Après un premier mouvement de révolte contre ces conditions injustes, elle accepte. La procédure est engagée auprès d'un tribunal français. Elle retourne à Paris, dans une chambre minuscule, louée à une connaissance sur la promesse qu'elle paiera plus tard. Elle se bat. Il faut survivre. Elle se nourrit d'une baguette de pain par jour. Faim au ventre et faim de s'en sortir, de pouvoir un jour revoir ses enfants : elle décroche un premier contrat de décoration de vitrine pour un petit magasin. Un premier travail modeste mais qui lui permet d'en emporter un autre… Avec sans cesse « un œil dans le dos » pour vérifier que D. n'est pas là.

Enfin viennent l'été et le moment de retrouver ses enfants chez ses propres parents dans la maison familiale de Lorraine. Elle y arrive exsangue mais transportée de joie à l'idée de les revoir. Elle n'a qu'un souhait, reprendre une vie avec eux, être heureux ensemble, sans les scènes terribles dont ils ont été témoins.

Mais pour eux aussi, la vie a tourné. Les deux filles ne sont là que pour quelques jours. Majeures, elles se sont inscrites dans une université britannique. Leur père a payé les inscriptions, mais uniquement cela. Elles doivent être filles au pair et serveuses pour s'en sortir : leurs nouveaux patrons les attendent. En larmes, Katia voit ses filles repartir, ne pouvant rien pour les aider matériellement, ne sachant pas quand elle les reverrait. Reste Damien, encore mineur.

« Je m'étais persuadée qu'il viendrait vivre à Paris. Cette espérance m'avait littéralement portée. Sa seule évocation me donnait des ailes et la force de décrocher des contrats. J'étais prête à travailler jour et nuit. Enfin, j'allais retrouver la joie de m'occuper d'un de mes enfants. Je retrouvais ce qui avait fait le sens de toute ma vie jusqu'alors, tenir mon rôle de mère, animer un foyer… Quinze jours de vraies vacances se passent dans la légèreté, enfin !

Il était convenu que Damien passerait encore une dizaine de jours chez son père, puis viendrait me rejoindre à Paris. Je l'accompagne à la gare. Monté dans le train, il se penche par la portière, me regarde intensément et me dit : “Maman, je ne reviendrai pas. Je n'avais pas le courage de te le dire, mais j'ai réussi les examens pour entrer dans une école au Canada. Tout est organisé, je pars directement après avoir vu papa. Maman, je ne reviendrai jamais en France. Tu viendras me voir là-bas."

J'ai bredouillé : "Oui, bien sûr, mon chéri, tu fais comme tu veux..." J'ai vu le train partir, j'étais dans un brouillard comateux, je regardais les roues et je me suis dit : "Voilà, c'est tout ce qui me reste, d'aller là, sous les roues..."

Je suis ressortie machinalement de la gare, j'ai pris la voiture. Je suis rentrée chez mes parents. Je ne pouvais même pas aligner deux pensées. "Alors, ça s'est bien passé ?" m'a crié ma mère. J'ai dit : "Oui, oui", et j'ai filé très vite pour ne voir personne.

Est-ce que je pleurais ? Non, j'étais au-delà du désespoir. J'étais perdue, j'avais perdu. Tout. Mes enfants, mes seuls et derniers trésors, m'échappaient. Il m'arrivait quelque chose signant la fin de ma vie, lui ôtant son dernier sens. J'errais dans la maison, je ne voyais plus rien. Pour me donner une contenance et surtout échapper à toutes les questions, pis encore, à tout apitoiement, j'ai pris un livre au hasard et me suis enfermée dans les toilettes.

La couverture de ce livre indiquait : *Théâtre d'Eschyle, les Atrides.*

Les Atrides : cette famille dont la Grèce ancienne raconte les drames et les crimes perpétués de génération en génération dans un enchaînement de douleurs, orchestré par la mécanique cruelle du destin auquel nul n'échappe. J'ai eu une image de sang et de hurlements. C'était une histoire d'hommes et de femmes – surtout de femmes – écrasés implacablement, injustement. Ça me convenait très bien.

J'ai ouvert le livre mais dans mon égarement je ne parvenais pas à lire les mots, à regrouper les phrases. Et puis, dans la préface, j'ai lu ceci qui m'a arrêté le cœur : "Ce qui nous arrive n'est pas ce qu'on mérite, mais ce qui nous ressemble." J'ai lu et relu dix fois, cinquante fois. Cette pensée était écrite exactement pour moi, à cet instant même.

Non, je ne méritais pas ce qui m'arrivait, la somme de malheurs qui m'était tombée dessus. Je n'avais rien commis pour recevoir une telle punition. J'avais été une enfant douce et affectueuse, une jeune femme attentive à autrui, je ne méritais pas d'être tombée sur un homme cruel, un malade comme D. J'étais une bonne mère, dévouée pour tous, je ne pensais qu'à leur bonheur.

Non, je ne méritais pas d'être laissée seule et démunie quand tout le monde vaquait à sa vie. Je ne méritais pas mon malheur mais… il me ressemblait. Qui avait laissé les coups tomber ? Qui s'était soumise ? Qui avait cru que ça s'arrangerait avec le temps ? Qui avait laissé un autre décider de sa vie ? Moi.

Quelque chose m'appartenant avait creusé le lit de mes vingt ans de malheur en laissant faire la tyrannie de l'autre. Je lisais et relisais toujours cette phrase magique : "Ce qui nous arrive n'est pas ce qu'on mérite, mais ce qui nous ressemble." Je commençais à comprendre confusément. À la place du chaos, je décryptais un sens.

Tout ne m'était pas tombé sur la tête par hasard. C'était tombé sur ma tête à moi et pas sur une autre. Parce qu'entre la catastrophe et moi, il existait une ressemblance suffisante pour que ce destin-là s'accomplisse et pas un autre.

Je suis sortie des toilettes, me suis enfermée dans ma chambre. Je lisais et relisais la phrase. Je me la répétais, encore et encore. Les jours suivants, je suis restée en tête-à-tête avec elle. J'ai regardé en face ces vingt ans-là et cette Katia-là, et je me suis dit : "fini, plus jamais, plus rien en moi ne ressemblera à cela". Je suis rentrée à Paris. Je me suis vue dans une glace, j'étais habillée comme une gamine de seize ans mal dans sa peau ! J'ai jeté toutes mes affaires, me suis rhabillée, coiffée, arrangée. Je me suis mise à travailler au maximum. Je lisais, je m'exprimais, je me montrais, je rencontrais des gens, je parlais contrat, savoir-faire, projets : j'avais pris ma place. Ma place.

Un jour, comme dans mes pires cauchemars, D. a surgi devant moi, l'œil hagard, me parlant de reprendre la vie commune, me suppliant, m'appelant “Mon petit canard”, puis à nouveau des menaces, la bouche tordue, l'œil noir, le visage crispé, la main soudain menaçante. Je suis restée calme. J'ai dégagé mon bras, j'ai fait un pas en arrière. Je lui ai dit en le regardant bien en face :

“Si tu t'approches, je te tue.” Il m'a regardée dans les yeux, j'ai soutenu son regard. Il a reculé, il est parti.

C'était fini, j'étais libre de lui. J'étais libre. »

2. Le destin et le mérite

Lorsque nous avions posé la question à Katia, à savoir si elle avait vécu l'expérience d'une prise de conscience soudaine et décisive, la réponse avait jailli : « Oui, et énorme ! » Elle a non seulement accepté de parler mais l'a fait spontanément et longuement. Pour elle, la page est définitivement tournée même si certaines évocations demeurent difficiles.

Dans son long récit de plusieurs heures, entrecoupé de poses et de digressions sur son métier, l'étape de la prise de conscience – la phrase du livre – a été un sujet sur lequel elle est maintes fois revenue. Étonnement de ce qui est arrivé, stupéfaction même. Ce jour-là, elle se décrit dans un état d'abandon moral où le suicide est sérieusement envisagé : enfermée dans les toilettes, incapable d'affronter le regard des autres y compris de sa propre famille, ne sentant plus en elle de ressources suffisantes pour affronter l'avenir.

Elle le dit et le répète avec force : cette phrase « Ce qui nous arrive n'est pas ce qu'on mérite, mais ce qui nous ressemble » était exactement ce qui voulait se formuler en elle.

De ce qui lui arrivait – la souffrance, le naufrage de ce mariage, la séparation d'avec ses enfants – rien n'était mérité, au sens du mérite enfantin : « Tu as bien mérité cela ! », sous-entendu : « Tu n'as pas fait ce que tu devais, alors ne t'étonne pas de ce qui t'arrive. » « Tu n'as pas fait tes devoirs, tu mérites une punition ! », ou encore « Une brave fille comme toi, tu ne mérites pas qu'il t'arrive ça ! »

Le mérite… Lorsque nous sommes enfants, nous sommes récompensés pour les bonnes choses accomplies : le Père Noël, l'enseignant, les parents, Dieu pour certains, gratifient le mérite dont nous avons fait preuve par des cadeaux, des bons points, des mots gentils, la promesse du Paradis.

Plus tard, dans le monde professionnel, nous sommes récompensés par des compliments, des primes, des bénéfices, de l'argent, des avancées, des médailles. « Vous avez bien mérité » ou, au contraire, « Il n'a pas mérité, c'est injuste qu'il ait eu cette promotion ». Même dans le monde affectif : « Il mérite de rencontrer une brave fille », « Elle est si gentille, elle mérite de vivre avec un honnête garçon ». Ainsi, s'exprime une croyance au fond de notre pensée : « Si je fais bien tout ce qu'on me dit de faire, je mériterai une récompense et je la recevrai » ou encore « Si je suis sage, je mériterai d'avoir ce que je veux ».

Nous nous attendons à recevoir la récompense de nos efforts pour obéir à ce qu'on nous demande d'être. D'où le sentiment d'extrême désespoir lorsque tout a été « bien fait » du mieux que nous pouvions et, à la place de la récompense enfin méritée : un bon salaire, un compagnonnage agréable, des enfants dont nous sommes fiers, le bonheur, la santé… arrive le malheur détestable : licenciement, mari violent, épouse agressive, enfants malades ou en révolte, faillite, échec. « Mais je n'ai pas mérité cela ! » s'écrie douloureusement l'enfant en nous. Un cri bien vite contrebalancé par l'idée culpabilisante, ancrée dès la petite enfance, qu'on a mal fait et mérité la fessée, donc son malheur : « Si je suis puni par la vie, c'est que j'ai mal fait, c'est de ma faute. »

Ce qui nous arrive n'est pas ce qu'on mérite…

Nul ne mérite d'être battu, humilié, brisé, assassiné. Nul ne mérite de n'être pas aimé, d'être trahi, rejeté, abandonné. Personne, et surtout pas ceux qui ont fait l'effort d'être bons, généreux, altruistes... Effectivement, les bonnes actions et le « bien faire » rendent la vie plus douce et mille fois plus remplie d'amour mais n'entraînent pas automatiquement la récompense du bonheur.

Le malheur est parfois seulement dû au hasard : la tuile qui tombe sur un passant, la mauvaise rencontre au coin de la rue, la bombe sur la maison.

Mais il arrive aussi, comme Katia l'a constaté pour elle-même, que *ce qui nous arrive nous ressemble.*

Quelques exemples :

Marc désirait par-dessus tout travailler en confiance et tranquillité avec son patron. Il évitait soigneusement tout sujet pouvant être conflictuel. Lorsqu'un changement très important est intervenu sur son poste, il ne l'a pas fait mettre par écrit. Abusivement licencié, il perd son procès par manque de preuves écrites.

Lucie rêvait d'être la compagne d'un homme la traitant comme une princesse. Tous les autres hommes lui paraissaient de peu d'intérêt. Un beau charmeur l'a séduite. Elle n'a rien vu du maniaque obsessionnel qu'il était en réalité. Le rêve s'est mué en cauchemar.

Jacques avait toujours l'esprit ailleurs. Il ne vivait jamais dans le moment présent, tout le temps à réfléchir à ses nombreux projets, à lancer de nouvelles idées, ne prêtant que peu d'attention à son entourage. Un jour, sur une voie à grande vitesse, à la visibilité bien dégagée, il n'a pas vu que le camion devant lui ralentissait puis freinait. Quand il l'a réalisé, c'était trop tard. Des mois après l'accident, il se demande encore comment il a pu ne pas voir.

Pour toutes ces personnes, ce qui leur est arrivé leur ressemblait dans le sens où leur point de faiblesse laissait une place au malheur : trop anxieux pour clarifier de suite les choses, trop en désir de protection, trop inconscient du présent...

Quand la phrase révélatrice a touché Katia au cœur, elle l'a éveillée à une lucidité nouvelle. Il lui est apparu clairement que son malheur n'était pas une punition de la vie et n'était pas non plus incompréhensible.

Une part d'elle-même avait été séduite par D.

Les murs de sa prison ont chaque jour été renforcés par la peur la réduisant au silence, par son aveuglement, son acharnement à toujours vouloir satisfaire des exigences exorbitantes et incongrues, l'espérance illusoire qu'il changerait avec le temps ou plutôt que sa patience à elle le ferait changer.

Elle avait sa part de responsabilité dans ce mariage épouvantable. Non à cause d'une quelconque démarche masochiste, mais parce que son éducation de petite fille sage, son tempérament doux, sa croyance en la supériorité de son mari, son désir de se rendre utile en servant et aidant autrui, son goût pour une situation sociale enviable... tout cela avait fait d'elle une proie facile à dominer.

En comprenant vraiment cela, Katia évaluait exactement ce qui en elle avait rendu possible la maltraitance.

Elle reprenait ainsi la maîtrise de son destin en sortant de l'idée de la fatalité. Pour D., elle ne pouvait rien, ni le changer, ni l'accepter. Mais sur elle-même et pour elle-même, oui, elle pouvait beaucoup.

Désormais, il lui appartenait de choisir de changer, de se transformer, prendre garde à ses faiblesses, renforcer son estime de soi. Tout ce qu'elle pouvait faire pour ne plus jamais tomber dans cet état de soumission lui redonnait force et dignité. Pour la première fois, elle s'envisageait comme auteure de sa vie, sujet à part entière, maîtresse de ses choix, en marche vers sa liberté. Elle n'était plus une victime passive.

Elle s'est libérée de l'idée de punition qui mène à la paralysie du pauvre agneau immolé sur l'autel de l'injustice du monde. Elle a identifié des aspects de sa typologie psychologique et des éléments de sa culture familiale qu'elle a pu travailler à transformer.

Katia est entrée dans une phase de sa vie radicalement différente.

3. Il y a un temps pour la liberté

Reste pour Katia l'interrogation : pourquoi a-t-elle compris cela à cet instant et pas avant ? Nous avons réfléchi avec elle.

Il y a d'abord les années d'aveuglement où elle s'empêche de ressentir son mal-être, persuadée d'un devoir à accomplir, mais aussi la résignation à croire que la vie est ainsi faite. Mais l'étonnement perdure : à la première gifle, à la seconde, à la troisième... pourquoi n'est-elle pas partie ? C'était une jeune femme cultivée, elle avait probablement lu des livres de développement personnel, elle avait la possibilité culturelle et financière de demander de l'aide auprès d'un thérapeute, d'un spécialiste... Elle pouvait se sauver...

De nombreuses femmes battues s'interrogent et culpabilisent souvent d'être restées si longtemps dans cette situation de victimes. Il en est de même pour des hommes abusés, trompés, humiliés, ridiculisés par leur femme, leurs proches, leurs enfants, leurs collègues, leur patron... Ils se posent la même question : pourquoi ai-je enduré cela si longtemps ?

Manque d'estime de soi, conflit œdipien, bénéfices secondaires... Nous ne traiterons pas ici de ce sujet bien trop grave pour se satisfaire de quelques paragraphes. Mais les différents témoignages recueillis auprès de victimes de violence conjugale disent tous que la prise de conscience a sur eux l'effet d'un coup de gong les faisant sortir d'un état quasi hypnotique vis-à-vis du bourreau.

Quand ce qui nous arrive est trop en contradiction avec nos aspirations profondes et nos rêves, la réalité devient incompréhensible. Comment imaginer le degré de perversion du manipulateur lorsque ce mode de fonctionnement nous est complètement étranger ?

La surprise de la victime la laisse désemparée. Le sentiment de confusion qui s'installe mène à une sorte de panique. La raison, le bon sens, l'instinct de conservation même, lui échappent. Elle ne sait plus si c'est la réalité qui est folle ou elle. Il s'ensuit un immobilisme, une paralysie de la pensée, une impossibilité de trouver une échappatoire.

Le tête-à-tête avec le persécuteur occupe toute la place, mobilise l'énergie dans une impossibilité à comprendre, à rendre intelligible l'incroyable réalité. La victime n'a pas les moyens et les repères pour réagir efficacement aux attaques visant à la briser psychologiquement, moralement et physiquement. Au sens propre du terme, elle ne sait pas ce qui lui arrive. Les mots et l'expérience manquent.

Comme dans les cas de traumatismes profonds, la pensée dérape au seuil d'une réalité trop douloureuse à concevoir. S'ensuit une sorte de tétanie de l'action. Pendant ce temps, l'autre devient un persécuteur de plus en plus raffiné, manœuvrant de mieux en mieux sa victime, la dominant complètement parce qu'il la connaît fort bien et sait parfaitement appuyer sur ses ressorts les plus intimes, la désorganiser, la troubler, la fragiliser. Il ajuste ses attaques là où elle est la plus vulnérable. Il joue avec ses peurs. Il se joue d'elle. Plus elle panique, plus il est fort. Plus il l'humilie, plus elle se sous-estime. La boucle est bouclée jusqu'à l'enfer.

Sortir de la violence n'est pas une mince affaire, surtout lorsque des enfants sont en jeu. On redoute toujours qu'ils deviennent la cible des coups. Nous avons entendu des femmes raconter comment elles ont eu à craindre pour leur vie mais, bien pire, pour celle de leurs enfants lorsque le père menace de les tuer et de se suicider, horrible vengeance qui arrive trop souvent.

Un jour pourtant, elles osent affronter leur bourreau. Quelque chose les pousse : la gifle de trop, la certitude soudaine de la mort imminente si elles ne bougent pas, la menace insupportable sur les enfants...

Elles osent se sauver, crier, se battre, demander de l'aide. C'est le pas essentiel, mais souvent accompli dans un arrachement douloureux. Certaines se retrouvent à la rue, sans domicile, sans un sou en poche ; d'autres sont séparées de leurs enfants par le fait d'un mari nanti, bien conseillé par un avocat, mais aussi parfois par des services sociaux qui jugent les enfants en danger.

Le processus est identique pour les faits de harcèlement au travail. La victime l'est parfois doublement par ce qu'elle a enduré et par la perte de son emploi.

Tout cela pour dire l'énorme courage nécessaire pour s'extraire de la nuit opaque de la terreur.

Ainsi, après les années de stupeur, de honte et d'incompréhension, la première prise de conscience vient et amène à crier « Non ! » à son bourreau puis à prendre le large... Ce moment est rarement celui de la libération. L'exemple de Katia qui avait pour elle d'avoir une famille et du soutien montre que même avec cela, ce passage est compliqué.

Alors qu'on pourrait imaginer ce moment comme celui de l'exaltation de la liberté retrouvée, c'est d'abord une somme énorme de problèmes à résoudre. Il faut se « refaire », retrouver son identité tout en étant profondément ébranlé dans sa confiance en soi. Il faut agir, décider, se battre, trouver un toit, des ressources, débrouiller les problèmes administratifs... alors que l'on est durablement blessé et fragilisé.

Des femmes ont comparé ce passage à ce que ressentent les prisonniers aux premiers temps de leur libération. Le moment attendu depuis si longtemps est aussi source d'une extrême angoisse. C'est d'ailleurs un passage délicat où il y a un risque de suicide.

« Si j'avais lu cette phrase juste après ma fuite du domicile conjugal, l'aurais-je comprise ? s'interroge Katia. Je ne crois pas, répond-elle après réflexion, je n'en aurais pas saisi toutes les implications. Ces semaines, ces mois d'enfermement dans ce petit studio après ma fuite, on pourrait nommer cela une dépression. Ça y ressemble en effet. Rester des jours entiers couchée sur le lit… Ne plus parler… Ne plus savoir quoi faire… Mais maintenant que bien des années ont passé, je vois plutôt cela comme un long et nécessaire moment de solitude. Comme ce "passage au noir" dont parle l'alchimie, quand tout est carbonisé. J'en ai un souvenir horrible mais j'y pressens une nécessité intérieure. Je n'avais plus de force. J'étais abattue, effondrée. C'est ça qui était à vivre et rien d'autre. Non, ma grande prise de conscience ne pouvait se faire dans les premiers mois de ma liberté retrouvée. »

Il a donc fallu passer cette étape et encore une autre : de remise en route professionnelle, avec l'annonce du divorce accompagné encore une fois d'exigences humiliantes. Puis le déplacement à Paris, la reprise difficile d'un travail et enfin la perspective lumineuse de refaire un foyer avec les enfants. Il faut encore dire et redire l'incroyable courage de ces femmes échappant à la violence pour reprendre pied dans la société.

Arrivée à ce moment de son histoire, Katia a déjà des perspectives d'avenir. Mais elle est encore tenaillée par la peur de son ex-mari. Elle n'a pas envisagé la vie pour elle-même : tout l'effort est essentiellement en direction de ses enfants. D'ailleurs elle le dit : « Pour moi, je m'en fichais, mais pour eux, j'aurais fait n'importe quoi. » Or, voilà que cette ultime raison de vivre lui échappe… Aucun des enfants ne viendra habiter avec elle. Il ne lui reste donc qu'elle-même sur qui compter mais surtout, pour qui compter.

Elle est maintenant vraiment seule, la balance de la vie et de la mort entre les mains. Pour Katia, c'est simple, il lui est absolument nécessaire de comprendre ce qui s'est produit dans sa vie et pourquoi, sinon, c'est la fin. Voilà la clé de l'éveil : tout est en place maintenant pour la prise de conscience. À cet instant charnière se situe le déclic, le basculement, le renversement, la transformation… « Ce qui nous arrive n'est pas ce qu'on mérite, mais ce qui nous ressemble. »

Nous avons été très touchées par le récit de Katia. À voir cette femme vive et lumineuse, il est impossible de l'imaginer prise dans les filets de la violence.

Pendant qu'elle nous parlait, bien des émotions sont passées pour elle comme pour nous. Mais quand elle a évoqué ce livre pris « au hasard, à ce moment-là », la phrase lue et relue tant de fois… son visage rayonnait, ses yeux pétillaient : toute la force du moment lui revenait.

Lorsqu'elle répète cette phrase dite à son ex-mari venu la menacer : « Si tu t'approches, je te tue », il a dû sentir, comme nous, la puissance et la conviction d'une vérité absolue encore palpable longtemps après. Quelque chose qui vibre très profond et ne se discute pas. La puissance de la louve, de la lionne. D'une femme ayant repris son destin en main et faisant en sorte, maintenant, qu'il lui ressemble vraiment.

Il lui reste cependant une question : est-ce un pur hasard d'avoir trouvé ce livre et cette phrase à cet instant précis ? Ou a-t-elle été « guidée » ? Par qui ? Par quelque chose d'extérieur à elle-même ? Ou intérieur, par son intuition, par l'instinct de survie ?

À cela, elle dit : « Merci », sans chercher à aller plus loin.

IV

Le choc et la décision

Alex est allé dans un pays lointain pour trouver une vérité très près de son cœur. Les événements forts qu'il y a vécus lui ont permis de sentir et d'entendre un appel intérieur. Il arrive parfois qu'une catastrophe frôlée devienne un catalyseur.

1. Un homme sans problème

« J'ai vu ma vie dans son ensemble et j'ai compris »

Le récit d'Alex.

Oui, j'ai fait l'expérience d'une prise de conscience soudaine, révélatrice, sans possibilité de retour en arrière. Je peux même me souvenir très exactement du lieu, du paysage, de l'air, des parfums, de ma respiration… C'est une fin de matinée en Indonésie, à Bali précisément. Je viens de descendre de vélo et je contemple des rizières scintillant sous le soleil, en étages parfaits sur une colline, dans une harmonie splendide de verts, de bleus, de gris. Je sens encore mes mains sur le caoutchouc chaud des poignées de ce vélo de location. Mon cœur enfle et palpite. Je défaille sous tant de beauté. *Je comprends…*

Mais pour raconter cela, ce moment unique entre tous, il me faut revenir en arrière, avec un autre vélo dans un autre paysage. Deux ans et demi en arrière.

Des pins, un chemin près de la mer, c'est la Gironde en France. Un été chaud et je vais travailler à vélo.

Pourquoi est-ce que je me souviens particulièrement de ce jour-là parmi des milliers d'autres, à peu près exactement semblables ? Peut-être existe-t-il déjà une amorce du grand chambardement à venir.

La route est mauvaise, un chemin emprunté par les forestiers et leurs camions. C'est un de ces chemins du pays des Landes, tracés tout droit à travers la forêt de pins. Je me dis : « Fais attention, va tranquille ». C'est ce que je me dis, avec ma petite voix intérieure. Il me plaît de me dire cela. Ce sont les mêmes mots dits à mon fils Thomas quand on se promène tous les deux, lui sur son petit vélo rouge : « Va doucement, pourquoi fonces-tu comme ça ? Ça va bien, pourquoi prendre des risques ? On va aller tranquillement. »

Tranquille, voilà, c'est le maître mot. Je suis tranquille sur mon petit chemin de campagne. Je suis content. Tout va bien. Au bout du chemin, il y a la clinique où je travaille. Je suis kiné. Bien installé et tranquille. Il y a eu un moment difficile avec un chef et c'est lui qui est parti. J'ai gagné, on peut dire cela.

« Fais attention, va tranquille. » Je me le répète, me le chantonne. Au fond, c'est ça la vie, comme ce chemin sans virages. Le suivre en faisant très attention : à mon fils, à ma femme, à moi, à ma maison, à mon boulot, à ma santé. Qu'il n'arrive pas d'accident, pas de maladie, pas de saloperie, rien de désagréable, doucement, tranquillement, le plus droit possible ; une route bordée d'arbres et de buissons. Épineux les buissons, dangereux de s'écarter, d'ailleurs il n'y a pas de croisement, pas d'échappatoire. « Tiens bien ton vélo, mon fils », « Oui papa, ne t'inquiète pas ». C'est ma vie.

Au bout de la route bien longue, douce, la plus confortable possible, j'imagine un petit carré de terre bordé de sa haie sans imagination de thuyas éternellement verts et serrés les uns contre les autres : c'est le cimetière. Bien tranquille la route jusqu'au cimetière où une pierre tombale m'attend, rectangle propre et lisse. Voilà mes pensées ce jour-là sur ma bicyclette, en allant travailler. Je commence à me sentir mal dans cette image de la vie ayant si peu de sens.

À partir de là, les jours ne sont plus tout à fait les mêmes. Je suis peu à peu contraint de voir la réalité de ce que je ne voulais pas sentir : mes peurs, mon ennui, mon vide, mon incapacité à bouger, à décider. Voilà où je suis : sur une route toute droite avec le cimetière au bout. Bien sûr, c'est pareil pour tout le monde. Que pourrait-il y avoir d'autre ? Je ne peux répondre à cette question. Je n'ai même pas la moindre bribe de réponse. Il faut accepter et c'est tout. C'est déjà tellement difficile d'arriver à cette vie tranquille...

Au fil du temps, je m'enfonce tout doucement dans une ouate grise dont il ne transparaît rien au dehors, pour personne – du moins je le crois – sauf ma femme. La situation de notre couple ne cesse de se dégrader. On ne se parle plus que pour s'accrocher.

L'année suivante, en octobre, la saison la plus creuse dans ce genre de clinique de soins au bord de mer, une collègue me parle d'un stage de quatre semaines de massage en Indonésie. Ce voyage m'attire. Rien ne m'empêche d'y aller et je m'y inscris presque tout de suite. Il faut dire que je suis tellement mal maintenant, que tout le monde le sait, même moi.

La ouate s'est encore épaissie. Je ne vois aucun moyen de changer ma vie. D'ailleurs pour faire quoi ? Où ? Pour répondre à quel problème, puisqu'il n'y en a pas, à part cette image lancinante d'une route menant au carré vert du cimetière, crainte paraissant infantile à mes propres yeux et sans nul doute à mes proches ?

Je me sens coincé. La tête prise.

J'ai vu sur une photo des religieuses de l'ancien temps avec des chapeaux, des cornettes longues et étroites comme des œillères, empêchant le regard d'aller de droite à gauche, obligeant à ne regarder que devant soi. C'est exactement mon impression : je porte ce chapeau. J'ai beau le savoir, cela ne me sert à rien. Je ne comprends pas comment l'enlever. Ce stage en Indonésie tombe à pic.

La formation s'avère passionnante. J'aime le massage. J'aime ce pays et ce que j'y apprends. Les participants, les profs, tous rivalisent de gentillesse et de disponibilité. Pour la première fois depuis longtemps, je me sens à peu près bien, je respire à nouveau.

À la fin de la seconde semaine nous prenons l'avion, une petite ligne intérieure, pour visiter une autre école de massage. Nous volons dans une purée de pois, on ne voit rien, à peine le bout de l'aile. Je dors à moitié. Je me réveille parce que l'avion tangue. Non, il ne tangue pas, il pique. Il tombe. Les gens hurlent. Tout dégringole dans la cabine dans un bruit d'enfer. Je m'accroche à mon siège. Je me dis : « On va mourir ». L'avion vibre de plus en plus dans un boucan terrible. Voilà, c'est tout, c'est la fin. Attendre le choc. Une lampe rouge clignote au bout de l'aile. Au rythme de mon cœur. Comme elle est longue cette chute ! J'ai le temps de remarquer un homme priant, agrippé, à genoux dans l'allée. J'ai le temps de regarder ma montre. Pourquoi ce réflexe ? De me dire que je n'ai pas envie de prier. Voilà c'est fini, c'est tout ce que je me répète : c'est fini. Et aussi brutalement qu'il tombait, l'avion se redresse. Nous sommes en même temps sortis des nuages, à peine à une centaine de mètres du sol, dans une vallée enserrée de montagnes, au-dessus des arbres, des bêtes, de la vie. En vie.

On hurle, on crie, on s'embrasse, on pleure.

En vie. Je ne sais plus très bien la suite. Nous avons certainement bu le soir pour fêter cela. Mais on ne peut pas fêter cela. Il n'y a aucune fête assez forte pour exprimer la mort et puis la vie, aussi soudaines l'une que l'autre. C'est trop incompréhensible. Ça ne rentre pas dans la tête.

Bizarrement, il me semble que les jours suivants ont eu quelque chose de triste : ce qui avait été vécu était trop puissant. Seul le silence aurait peut-être convenu.

Je crois que cet épisode a compté pour la suite.

Le stage a repris. Quand il s'est terminé, j'ai fait reculer mon billet de retour de dix jours. J'avais maintenant envie de me promener dans ce pays, d'en profiter seul.

Voilà, maintenant on en vient à la route à Bali et à ce jour-là. Mon brouillard intérieur s'était éclipsé un temps mais la perspective du retour l'avait fait revenir, encore plus fort qu'avant. Je le fuyais dans les rencontres, les échanges, le plaisir d'un pays coloré, changeant, étonnant, doux, mais il était toujours bien présent.

C'est une fin de matinée. La lumière dorée passe sur l'émeraude des rizières, les robes brillantes des femmes marchant en file indienne vers le temple, portant les offrandes de fruits sur la tête, les buffles sombres, les hommes aux pagnes noirs et blancs.

J'ai pédalé depuis le matin très tôt. Je suis allé de beautés en splendeurs, de chants d'oiseaux en voix d'enfants. Fatigué, je mets pied à terre et me laisse envahir par l'instant. Je voudrais tout prendre dans mon cœur, rendre ineffaçable dans mes yeux tant de grâce et d'harmonie. Emporter la douce exaltation d'un moment parfait, emmener dans mon retour angoissant la vibration de l'air parfumé de fleurs. Je respire, je ferme les yeux. J'ouvre les yeux, je regarde les rizières. Je lâche mon souffle. Tout va bien.

Quel problème ? Où est le problème ? Moi, j'ai un problème ? Une évidence me tombe dessus : il n'y a pas de problème. Je comprends, je saisis de tout mon être, en un instant, tout de suite, immédiatement, que ma vie est ce que je décide. La vie est ce que j'en fais. Je vois parfaitement diverses possibilités. Je vois clairement plusieurs chemins possibles. Je suis exactement au poste d'aiguilleur. Mon chemin est dans mes mains.

La peur a totalement disparu. La révélation s'impose : il n'y a pas de problème. Le brouillard s'est dissipé dans ma tête, plus de ouate ni d'angoisses. Une autre vie m'apparaît, non, s'impose à moi, sans aucune discussion possible.

C'est une évidence, un éblouissement, un appel, un ordre incroyablement précis et fort. Je peux le formuler tout de suite, immédiatement, clairement : je vais démissionner, divorcer et partir. Ces mots si terribles à prononcer ne lèvent plus de doutes dans ma tête. Je dois. Pour quoi faire exactement et où, cela n'a aucune importance en cet instant. Je comprends avec une lucidité aiguë que si je ne fais pas ce qui est un impératif pour moi sous le prétexte d'épargner les êtres chers, je vais causer beaucoup plus de dégâts. Je vais me perdre et les faire encore plus souffrir.

Dans le même temps où ces certitudes s'imposent, une immense onde de joie me porte. Une énergie incroyable m'habite. Je ne sais rien de mon avenir. Je sais le principal : ma vie est entre mes mains.

Je suis rentré, j'ai démissionné, j'ai tout laissé à ma femme, j'ai parlé à mon fils et tout a été très dur, douloureux et pénible.

Cependant, c'est difficile à expliquer, parce que ça a l'air contradictoire, mais la joie intérieure ressentie ce matin-là à Bali ne m'a pas quitté une seconde pendant plus d'un an.

J'avais une force à déplacer les montagnes.

Pas un instant, jamais, je n'ai regretté mes décisions même dans les jours difficiles.

Ma vie a entièrement changé et, je dois le dire, également ma façon de voir les choses et les gens. Je suis devenu plus réceptif, plus ouvert, plus tolérant, plus sensible, plus souple.

Rien que d'en parler aujourd'hui, de me souvenir de cet instant magique où je suis sorti du brouillard, j'ai le cœur qui bat, je ressens à nouveau une bouffée de joie.

Je ne sais pas ce qui s'est passé. Tout ce que je peux dire, c'est que j'ai vu ma vie dans son ensemble et que j'ai compris.

Je peux à peine expliquer quoi, mais c'était totalement clair.

*

Voilà le récit d'Alex, entendu à Paris. C'était dans une grande pièce lumineuse, une fenêtre ouverte sur une cour de récréation où s'ébattaient de tout jeunes enfants, un après-midi frais de printemps. Alex se levait, marchait, revenait, serrait parfois ses mains solides de sportif. Puis il y a eu un grand temps de silence et il a conclu : « C'est quand même fou cette histoire… »

2. L'APPEL INTÉRIEUR

S'il existe dans notre psyché quelque chose pouvant se nommer « l'appel intérieur », Alex nous semble en être un bon exemple. Dans la façon dont cet appel se manifeste, nous pourrions parler de révélation tant la soudaineté et la clarté de la prise de conscience s'imposent.

Elle sort Alex d'un état d'hésitation caractérisé par un mal-être profond et la présence permanente d'une sourde angoisse. Alex s'enfonce dans une sorte de renoncement à lui-même, spectateur déçu de son destin, défait avant même de combattre. Il ne peut ni choisir, ni même exprimer les éléments de ce choix : partir ou non, pour faire quoi ?

Incapable de dire, il s'emmure dans un silence et un déni certainement difficiles à supporter par son entourage. « Ça va ? », « Mais oui ça va », « Ça n'a pas l'air, tu ne dis rien », « Mais non, tout va bien »... Petit enfer domestique du dialogue impossible, de la non-reconnaissance des faits et des sentiments, que connaissent tous ceux qui vivent en compagnie de ces caractères s'emmurant dans le silence. Et cela peut durer des mois et des années...

Enfermé dans ce brouillard des sens et de l'intelligence, Alex perçoit d'un seul coup et nettement son désir profond de repartir dans l'aventure de la vie. Cette nécessité impérieuse s'impose avec puissance dans la lumière de cette matinée balinaise : oui, il veut, il doit partir. Ses responsabilités et les nombreux risques à prendre, les souffrances et les difficultés, toutes les conséquences de sa décision : rien ne lui échappe, il faudra tout assumer et il est prêt à cela. Il vient de comprendre que sa vie sera ce qu'il en fera et rien d'autre.

C'est la vérité de cet homme, à cet instant. Chaque prise de conscience est strictement personnelle. Pour d'autres, dans les mêmes circonstances, elle aurait été différente.

Alex aurait pu sentir la grandeur de construire un foyer ou s'attacher à trouver la sérénité là où le destin l'avait amené. Mais pour lui, la vérité fut celle-là à cet instant : partir, aller construire ailleurs, refonder son existence. Ce choix s'est imposé du plus profond de son cœur, quitte à en payer le prix fort.

Peut-être peut-on juger qu'il a fui, incapable d'être mari et père, qu'il se replie dans une attitude adolescente de liberté ou encore qu'il obéit à des schémas familiaux inconscients… Mais à ce moment précis, hors de tout critère moral, c'est cette vérité-là qui s'impose, sans détour, ni concession, ni discussion.

Un appel intérieur, oui, mais qu'est-ce que c'est ?

Une des grandes causes de souffrance est la sensation indéfinissable et profonde de ne pas être en accord avec un Soi plus vrai, plus réel que notre apparence sociale forgée pour les nécessités de la vie, élaborée par les contraintes de l'éducation, du milieu d'origine et de la société. Comme beaucoup, Alex avait abouti à une profession et un lieu de vie par une succession d'événements tenant davantage du hasard que du choix. Cela avait pu convenir un temps, puis, doucement mais inéluctablement une dissension intérieure était apparue. Et, bien sûr, ce n'est guère étonnant, cette dissonance interne coïncidait avec une déconstruction de son couple.

Tout cela se manifeste par des pensées contradictoires.

Dans notre tête, une petite voix nous dit : « Il faut », « Tu dois » et aussi « C'est comme ça », « On ne peut pas faire autrement ». Mais dans l'instant d'après, une autre chuchote : « Je voudrais tellement… », « Si je pouvais… », « Ce serait si bon de… ». Deux aspects contradictoires de nous-mêmes s'affrontent. Notre vie ressemble alors à un attelage tiré par des chevaux voulant aller chacun dans une direction différente.

Une détresse s'installe, difficilement formulable et souvent mal comprise par l'entourage : « Mais de quoi tu te plains ? Tu as tout ce qu'il faut pour être heureux. »

C'est ainsi qu'empire l'état d'indécision, de démotivation et de tristesse, dans l'attente confuse d'un éclaircissement. D'une révélation qui réponde à la question : que dois-je faire ?

3. Le rôle de l'accident

Un avion en plein vol qui se met à tomber… La mort soudain toute proche… La sensation que cette fois, on est passé tout près de la fin de notre histoire… Sur le coup, on encaisse le choc et on continue à vivre comme avant. Comme Alex qui reprend son stage comme si rien ne s'était passé.

Il n'empêche que pour raconter le processus l'amenant à sa prise de conscience, il lui est nécessaire de s'arrêter assez longuement sur cet épisode de l'accident d'avion. Lorsqu'il nous a confié son histoire et bien après qu'il eut fini de partager son expérience, Alex est revenu sur ce point.

Il nous a livrés que, pendant très longtemps, il n'avait fait aucun rapprochement entre cet accident et sa prise de conscience.

Mais maintenant, avec le temps de la réflexion et la distanciation, la relation entre ces deux événements lui apparaissait forte. D'une certaine façon il était un survivant. Son regard sur la vie était forcément différent.

Une autre personne nous a conté une histoire d'accident, précédant de quelques mois une prise de conscience décisive : Mélanie, une journaliste vive et brillante. Les faits se produisent alors qu'elle assiste à un colloque dans une grande station de sports d'hiver.

Une soirée festive est organisée à quelques kilomètres de là. Un des organisateurs lui propose de l'emmener en voiture.

Mélanie sait que cet homme est rarement à jeun et qu'avant le départ fixé aux alentours de 20 heures, il aura déjà consommé quelques apéritifs... De plus, elle a plutôt envie de rester tranquille à l'hôtel... Mais, comme trop souvent, Mélanie ne s'écoute pas.

« Ce n'est pas parce que je peux que je dois »

Le récit de Mélanie.

Tout m'intéresse. J'ai beaucoup de mal à renoncer à une invitation, une proposition de travail, une collaboration... Résultat : je dis oui et ensuite je m'en mords les doigts. Car pendant que j'anime un débat ou participe à un événement, le vrai travail qui me tient à cœur ne se fait pas... En effet, outre mon travail de journaliste, je suis écrivain. En fait, j'ai même choisi ce métier non seulement parce qu'il me plaisait mais aussi parce qu'il ne m'éloignait pas trop de ma passion de l'écriture.

Ce soir-là, je me trouvais dans mon éternel dilemme. Si j'avais dit non, je serais rentrée tranquillement dans ma chambre où m'attendaient mon ordinateur et mes écrits. Mais comme j'avais peur de rater quelque chose mais aussi envie de m'amuser... j'ai dit oui. Bien sûr j'ai pensé que ce type n'était pas le meilleur conducteur possible... Mais là encore, j'ai minimisé les risques de la même façon que je minimise ma fatigue et ma charge de travail.

On est parti à l'heure dite. On s'est arrêté une première fois parce qu'il voulait me présenter à ses copains dans un bar. Ça a été l'occasion d'une nouvelle tournée. Il se faisait tard, j'étais vraiment fatiguée et je l'ai tiré par la manche pour qu'on reparte. Nous sommes remontés tous les deux dans sa voiture et, derrière nous, un de ses amis nous suivait.

Juste avant de partir, alors que nous nous dirigions vers nos véhicules, cet ami m'a demandé : « Vous êtes sûre de ne pas vouloir monter avec moi ? »

Il est certain que mon conducteur était déjà bien imbibé mais comme tous les gens qui boivent régulièrement, ça ne se voyait pas. Et puis mes affaires étaient dans sa voiture, il n'y avait même pas dix minutes de route, je n'aurais pas su quoi lui donner comme excuse... Donc j'ai décliné l'invitation du copain et je suis remontée dans la voiture de l'organisateur.

Il a démarré à fond la caisse. Il faisait nuit noire, nous étions en novembre, il avait plu, il faisait froid, il n'y avait personne sur la route.

Tout en conduisant, il me parlait avec excitation. D'habitude, je me laisse aller en voiture et j'en profite pour me détendre. Mais là, je fixais la route devant moi.

Juste après un virage serré, nous nous lançons dans une ligne droite et le conducteur accélère. Dans le même instant, il se penche vers l'autoradio pour l'allumer et le régler. Machinalement, sa main sur le volant tire celui-ci vers la droite. Il est toujours penché sur son autoradio et ne se rend compte de rien. La voiture vire à droite sur le bas-côté et fonce sur un mur. Je hurle « Qu'est-ce que tu fais ? Redresse ! »

Mon cri lui fait donner un brusque coup de volant dans l'autre sens. Nous passons à quelques centimètres du mur, la voiture part en tête à queue et nous nous arrêtons plusieurs centaines de mètres plus loin, en contresens, sur le talus d'en face.

Toute cette scène n'a duré qu'une poignée de secondes.

Nous repartons dans un silence à couper au couteau.

Quand nous arrivons à la soirée, le copain qui suivait, témoin de toute la scène, n'arrête pas de la raconter et de dire « C'est dingue que vous vous en soyez sortis ! J'ai vraiment cru que ça y était ! Je vous ai vus vous écrabouiller dans le mur ! »

Je le fuis, je ne veux rien entendre. Il me court après et me répète au moins trois ou quatre fois « Vous vous en êtes sortie... Vous pouvez dire que vous l'avez échappé belle... C'est cadeau la vie maintenant, hein ? Des jours de bonus parce que normalement vous ne devriez plus être là... »

Non, je ne veux pas l'entendre. Il m'énerve ce type. Ce n'est pas possible que la vie puisse s'arrêter comme ça, c'est trop bête. De loin, dans la foule des invités, je vois mon conducteur qui s'enfile alcool sur alcool. Mais tout le monde a l'air de trouver ça normal. En tous cas, ce n'est pas lui qui me raccompagnera, c'est sûr.

Deux jours après, en repartant de ce colloque, je suis repassée au même endroit. Cette fois, au grand jour, j'ai eu le temps de bien revoir la scène. Le mur vers lequel la voiture était lancée appartenait à un grand bâtiment isolé. C'était un mur de pierres anciennes et grises, bien épaisses et solides. C'était très simple à voir : s'il n'avait pas tourné le volant assez vite, lui n'aurait été que légèrement atteint, mais moi, sur le siège du passager, je prenais tout. Ou encore si quelqu'un était arrivé de l'autre côté, on l'emboutissait de plein fouet… Mais j'étais vivante et en bonne santé, ni morte ni cassée de partout sur un lit d'hôpital. Qu'est-ce que je devais en déduire ? Sur le coup, je me suis dit « rien ». J'ai continué à vivre comme avant.

Quand je dis cela, que j'ai continué à vivre comme avant, ce n'est pas tout à fait vrai. J'avais subi un traumatisme, je le sentais. Comme une fébrilité intérieure, parfois un trop grand calme et à d'autres moments, une sorte de tremblement, des crises d'inquiétude. C'est difficile à expliquer. Quand j'ai voulu parler de cet accident à ma meilleure amie, j'ai eu très envie de pleurer.

Autre chose aussi : je n'avais plus la capacité d'écrire. Le roman commencé restait en plan. Je n'arrivais plus à m'y mettre. Par moments je me sentais très mal. Je me disais que peut-être c'était fini, je ne serais plus jamais capable de créer. J'avais beaucoup de mal à expliquer ce qui se passait en moi et je ne pouvais donc guère le partager avec mes proches.

Là, je suis au cœur du récit de ma prise de conscience. Et je me rends compte qu'il était impossible de vous la raconter sans d'abord parler de l'accident. C'est le point de départ ou le révélateur, je ne sais pas, de mon état de malaise et d'incapacité à créer.

Quelque chose en moi voulait s'exprimer, mais c'était trop diffus et confus. Il s'agissait de mon rapport au travail, à ce que je dois faire. Je travaillais trop et en même temps pas suffisamment pour les choses m'intéressant vraiment. J'avais l'impression d'aller dans toutes les directions et de me faire dévorer. Je n'avais plus le temps pour ceux que j'aime, je m'en voulais, j'en voulais aux autres...

Je me suis inscrite à un stage avec Geneviève et Marthe.

Dans un des modules, on nous a demandé de choisir intuitivement une phrase qui nous interpellait même si nous ne savions pas très bien pourquoi.

J'avais choisi la suivante : « Ce n'est pas parce que je peux que je dois. »

Au fur et à mesure du travail, j'ai senti que je touchais le nœud de mon malaise. En effet, je suis assez douée pour de nombreuses tâches et ça me fait mal de les voir réalisées par d'autres d'une manière que j'estime souvent moins heureuse que la mienne. Il est probable qu'il s'agit d'une illusion et de beaucoup d'orgueil même si cela se vérifie de temps en temps. Je me donne trop d'importance, je le sais, mais j'aime tellement le travail bien fait...

J'ai également du mal à refuser les diverses propositions comme si je devais sans cesse prouver aux autres et à moi-même que j'en suis capable, que j'y serai une des meilleures, si ce n'est la meilleure. Et en même temps, à chaque fois que j'accepte, je m'en veux beaucoup. Cela s'appelle être tiraillée par ses contradictions...

En travaillant la phrase, je dis « Oui, je peux », mais cela n'amène pas forcément le « Je dois ». Donc : Pouvoir n'est pas devoir.

Je sens que là-dessous se cache une clé pour moi.

Même si je peux faire, je ne suis pas obligée de faire ?

« Je compte sur vous Mélanie, vous seule pouvez remonter ce service… » Et moi, comme un petit soldat : chouette, un nouveau défi ! Qu'est-ce qui me fait croire que j'y suis obligée ? Dois-je toujours prouver mes capacités ? Comme lorsque j'étais une enfant dont on répétait qu'elle était intelligente ? « Mélanie, c'est une fille solide, une bosseuse, on peut être tranquille quand elle est là… elle est tellement capable ! »

Maman me disait : « Tu es capable, toi », et je croyais entendre : « Fais-le, pour me faire plaisir, pour montrer comme tu sais faire… »

Pouvoir n'est pas devoir. J'ai commencé sérieusement à réviser ma position de vie. J'avais le droit de pouvoir mais de ne pas vouloir. Ma prise de conscience avait commencé mais c'est un rêve qui l'a conclue.

La nuit suivante, j'ai rêvé que mon père, décédé, me prenait par la main. J'étais une petite fille. Il marchait doucement et m'emmenait en promenade. Je sentais une joie extrême à être main dans la main avec lui, à marcher en silence en sa compagnie, sentant la nature, les bêtes, le vent. J'étais en extase. Je n'avais besoin de rien d'autre. Il m'a dit : « On va se promener. » C'était si merveilleux de l'entendre.

Je me suis réveillée bouleversée.

C'est vrai, toute petite j'avais connu les levers à l'aube, les longues marches dans la campagne en sa si bonne compagnie. J'y avais vécu des moments d'intenses joies.

J'ai eu l'impression que mon père revenait pour m'emmener, comme lorsque j'étais un petit bout de chou. Comme s'il me disait « Tu as oublié ces joies-là » et encore « Tu as le droit d'aller te promener, c'est si bon ». Mon cœur s'est gonflé de bonheur.

À ce point de mon travail intérieur, je réunissais en imagination mon père et ma mère pour leur dire : « Je peux et je dois faire ce qui est important pour moi. Dans les choses importantes, il y a le bonheur de marcher tranquillement.

Et le reste, même si je peux le faire, j'ai le droit de le laisser à d'autres ».

J'ai senti une très grande paix et j'ai su tout de suite que j'avais retrouvé le goût d'écrire.

Trois mois plus tard exactement, j'ai pris une décision capitale pour moi. À la surprise générale et malgré les pressions, j'ai renoncé à un poste de direction dans une importante rédaction. La personne qui a obtenu le poste ne faisait pas partie de mes amis, c'était, disons-le, un rival. Quand plusieurs mois plus tard, il m'a expliqué tous ses formidables projets de développement, émissions de télévision, documentaires, autres publications… je n'ai éprouvé aucun pincement au cœur.

« Et toi, qu'est-ce que tu fais maintenant ? » m'a-t-il demandé avec un brin de condescendance. J'ai répondu : « Je mène une vie assez tranquille. » J'étais totalement sincère. Je me considère comme guérie d'une illusion que je ne sais pas encore bien formuler mais qui commence par « Il faut… », continue avec des « Tu dois… », se conjugue avec des regrets et se termine avec « Il est trop tard… »

Je suis bien contente d'en être débarrassée !

*

Ainsi pour Mélanie, comme pour Alex précédemment, la mort frôlée a précipité un processus déjà présent. Risquer de tout perdre, le traumatisme d'échapper à un accident gravissime, contraignent à une remise à plat des priorités de la vie.

Mélanie s'est enfin autorisée à ressentir son vrai désir : écrire et pour cela se mettre un peu à l'écart d'une vie professionnelle survoltée.

L'accident autorise parfois l'accélération d'un mouvement interne. La douleur d'une pensée lancinante peut aussi jouer ce rôle.

V

S'EXTRAIRE DE L'ÉTOUFFEMENT

Coincés dans nos vieux schémas, incapables de distinguer lucidement ce qui se passe, ébranlés dans nos convictions, n'ayant pas encore perçu un nouveau mode de fonctionnement... Nous sommes parfois victimes d'un raisonnement qui tourne en rond sans trouver de solution : c'est la pensée obsessionnelle.

1. Même sans nom, un homme est vivant

Nous avons rencontré Oscar dans un train. Nous lui avons fait part de notre sujet d'étude. Il a immédiatement réagi. Il nous a raconté comment une prise de conscience matinale et subite a cassé le cercle infernal d'une pensée lancinante qui dévorait sa vie.

« Ça s'est arrêté d'un seul coup un matin. J'étais encore couché et seul, ma femme étant partie travailler. J'ai tout de suite senti que quelque chose avait changé. J'étais calme. Ce n'était pas l'enfer habituel avec l'angoisse, la gorge serrée, les mêmes idées qui me rongeaient. J'ai ouvert les yeux. Il n'y avait aucun doute, j'ai senti tout de suite que ce n'était plus pareil. Je suis resté étendu un moment, je voulais être conscient de mes battements de cœur, de ma respiration parce qu'enfin c'était bon, paisible, enfin ! Puis, j'ai bondi hors de mon lit. J'étais tellement content ! C'était fini ! Je me suis levé, j'ai marché dans tout l'appartement, je me sentais plein d'énergie.

Je me suis dit : Les papiers je m'en fous, je ne m'en occupe plus, et c'était vrai, j'étais délivré ! »

Oscar parle d'une voix douce. Tout est doux chez lui : l'ovale du visage, la finesse des traits, les petites lunettes cerclées dorées, sa stature moyenne, son léger embonpoint. Oscar est togolais.

Il continue :

« Depuis presque dix mois, je vivais avec une obsession : *les papiers*. Un truc à devenir fou. Chaque minute, à chaque respiration, même en faisant autre chose, en ayant l'impression de penser à autre chose, je ne pensais qu'à ça : les papiers. J'avais cessé de vivre, de m'amuser, d'entreprendre et même d'aimer ma femme. L'idée des papiers m'avait dévoré.

Une obsession ne s'arrête pas, jamais, ni de nuit, ni de jour. Ça paralyse complètement. Je me disais tout le temps : les papiers, je n'ai plus de papiers, comment je vais faire pour les papiers ?

Je pouvais rester chez moi, ne rien faire ou bricoler, il y avait toujours cette obsession. J'avais de la peur, de la colère, du dégoût. J'étais découragé et ces mots tournaient en boucle dans ma tête, inutiles, épuisants : je n'ai plus de papiers.

Ma vie était devenue comme ma pensée, un cercle sans fin et j'étais enfermé dedans. Je ne pouvais mener aucune action parce que ce n'était pas possible de penser à autre chose et comme je ne pensais qu'à cela je ne pouvais même plus imaginer une solution. Voilà où j'en étais après mon retour en France. »

À 19 ans, il était arrivé pour la première fois à Paris. Ce fut un gros choc.

« J'ai été élevé par un prêtre auquel je me suis beaucoup attaché ; il était comme un second papa. J'ai désiré tout naturellement être prêtre moi aussi, d'autant que j'étais un très bon élève. J'apprenais facilement. J'ai toujours aimé le contact avec les autres, venir en aide, semer la paix. C'est quelque chose de très fort en moi, encore aujourd'hui. Ce n'est pas pour rien que je suis animateur auprès de jeunes et que je pratique le yoga et la méditation !

Je suis arrivé en France, à Paris, pour poursuivre mes études au séminaire. J'étais le premier de ma famille à venir ici et je ne connaissais personne. J'ai été profondément choqué, je ne m'attendais pas du tout à cette société, je n'y étais pas préparé. Je n'ai pas tenu longtemps au séminaire. C'était trop difficile pour moi.

Je l'ai quitté et j'ai commencé à vivre une autre vie dans Paris, à fréquenter des tas de gens, des cultures, des points de vue, des religions différentes. J'ai rencontré ma femme, une Française blanche et on s'est mis en ménage presque tout de suite.

Comme j'avais ma carte de séjour d'étudiant, je me suis inscrit à l'université, j'ai commencé des formations tout en faisant des petits boulots. J'ai accueilli un de mes jeunes frères, j'ai eu la grande fierté de l'aider à s'installer et lui faire découvrir Paris. C'était une vie formidable. J'avais totalement confiance en moi.

Évidemment, le moment est arrivé où mon visa d'étudiant a été périmé. Je ne m'en suis pas soucié avant, jusqu'au jour où la date a été dépassée.

Là, j'ai fait des demandes, j'ai rempli des dossiers. J'avais confiance.

Un jour, je reçois une convocation pour me rendre à la préfecture. J'ai cru que c'était pour me donner mes papiers. J'en étais d'autant plus certain qu'entre-temps je m'étais marié. Mais quand je suis arrivé, les policiers m'attendaient et on m'a mis en état d'arrestation : j'étais expulsé comme clandestin. Je n'avais aucune affaire avec moi, rien, j'étais simplement venu à un rendez-vous ! Pas un vêtement de rechange, presque pas d'argent. Je n'ai même pas pu téléphoner à ma femme, à des amis, à un avocat… Malgré toutes mes protestations – et vraiment je n'y croyais pas, je me disais : ce n'est pas possible ! – deux jours après j'étais mis dans un avion et débarqué au Togo.

Là-bas, j'étais devenu un étranger, je n'avais plus rien à y faire. Je n'avais qu'une idée : rentrer en France où se trouvaient ma femme, mes amis, ma vie ! Je ne peux pas dire comment j'ai fait, mais ça a été très mouvementé. Je me suis battu de toutes mes forces et j'y suis parvenu au bout d'une année. Un jour, une voiture m'a débarqué devant une bouche de métro à Paris ! C'était formidable ! »

Oscar tourne machinalement sa montre autour du poignet. Il murmure : « Tout ce que j'ai vécu, c'est incroyable, rocambolesque… »

Puis il ajoute :

« Le vrai problème ce n'est pas de rentrer, mais c'est la suite. Une fois revenu ici, que faire ? Recommencer un dossier et une demande ? Cette fois, je risquais plus gros : la prison suivie d'une nouvelle expulsion… J'ai demandé conseil, rencontré des associations, un avocat, parlé avec les uns et les autres. Je ne sais pas comment l'obsession a commencé mais ma situation psychologique s'est dégradée.

Après l'immense difficulté et l'excitation du retour, je me suis senti abattu et envahi de tristesse. Tant que j'avais dû lutter pour revenir, j'avais un but. Je n'avais pas vraiment senti la violence de ce qui m'était arrivé avec l'expulsion.

Mais maintenant, ici, de retour en France, nourri et logé par ma femme, consolé par mes amis, c'est comme si tout me tombait sur le dos.

Un grand dégoût s'est emparé de moi. Je me sentais incompétent à être quelque chose, quelqu'un. Je ressentais de la peur mais aussi et surtout de la honte et un sentiment d'impuissance. Qu'est-ce qui se passait ? Je n'avais plus de chemin par où aller. Au Togo, il y avait longtemps que j'étais un étranger pour ma famille. Je n'avais même pas dix ans quand je suis allé habiter chez le prêtre.

Ensuite, ici, en France, même si j'avais loupé le séminaire, une fois passé le plus dur pour m'adapter, je m'étais trouvé comme dans mon vrai pays. C'est comme si j'en avais le droit parce que j'avais été élevé dans cette idée, avec le français comme langue, j'avais grandi avec le catholicisme qu'on m'a enseigné comme étant universel… Je m'étais marié avec une Française.

Tout ça était bâti sur une idée à moi. L'expulsion avait révélé l'illusion. Je n'étais pas préparé à cette réalité.

Au Togo, le prêtre qui m'a élevé était un personnage important. J'étais envié par beaucoup de gens. J'étais comme son fils, son héritier, on me respectait, j'avais bien ma place. Mais quand je suis arrivé en France, tout ça ne voulait plus rien dire. Déjà au séminaire, j'ai bien vu que je ne comptais pas beaucoup.

J'ai commencé aussi à avoir des doutes sur la religion.

J'avais mis de côté toutes ces interrogations jusqu'à mon expulsion ou plus exactement jusqu'à mon retour d'expulsion.

Cette fois j'étais vraiment un clandestin.

Je n'avais plus d'identité. Je me suis senti être rien. Rien. Ce n'est pas seulement des papiers qui me manquaient, c'était mon identité. La vraie, celle de mon cœur d'homme.

Ce qui aurait pu me rendre cette identité, c'était du travail, des études. Mais j'en étais interdit.

Au début, je me promenais dans Paris, j'essayais quand même de lire et de continuer à m'instruire. Puis, je me suis mis à avoir peur d'être arrêté. Et que, de nouveau, tout recommence : la police, l'avion…

Peu à peu, je me suis mis à y penser tout le temps. Comme si le fait d'avoir ces fameux papiers allait tout résoudre.

Voilà comment l'enfer s'est installé. Pendant une dizaine de mois, ces mots dans ma tête ont pris la place de tous les autres : les papiers, comment faire pour les papiers ?

J'étais obsédé par les papiers, sourd à tout le reste, dans l'attente des seuls mots pouvant m'atteindre et me guérir : tiens voilà tes papiers !

J'étais de plus en plus apathique, inerte, mou, je peux même dire stupide. Plus rien ne m'intéressait. Je ne sortais presque plus. J'étais mort à tous mes rêves. Je ne pouvais pas être avec les autres, parce que je considérais que je n'étais plus personne. J'étais sans nom. Et j'en avais tellement honte ! Je suis tombé très bas.

Et puis, tout doucement j'ai commencé à me dire : tu es vivant. Tu respires. Même si tu n'as plus de nom, tu es quelqu'un. Un homme. Tu es toi. On peut m'enlever mon nom mais pas mon être.

Tout cela me tournait dans la tête. Ce soir-là, je me souviens m'être endormi très lourdement, pour la première fois depuis longtemps.

Et au matin, je me suis dit : c'est fini, je m'en fous.

J'ai bondi hors de mon lit. Je me fous des papiers !

J'avais depuis des mois sur la table le numéro de téléphone de quelqu'un qui cherchait des gens pour un chantier. J'ai téléphoné. La personne était toute surprise, elle était exceptionnellement là et justement elle avait besoin d'un ouvrier tout de suite. J'y suis allé. Je n'avais plus peur de sortir. Je me sentais vivant.

Toute la journée j'ai travaillé. Je n'avais pas faim, je ne ressentais aucune fatigue. Le soir en rentrant avec l'argent gagné, j'ai acheté un grand bouquet de fleurs à ma femme. Le lendemain, je suis reparti travailler et ainsi de suite. Pendant des mois j'ai fait des tas de chantiers. Je ne me posais plus aucune question. J'avais cessé d'attendre. J'étais délivré. »

Oscar sourit.

« Je suis un homme heureux. Aujourd'hui j'ai un métier, trois enfants et des papiers ! Ce matin-là, je ne sais pas pourquoi je me suis remis en route, tout simplement et d'un seul coup. Peut-être que je n'avais plus d'autres choix qu'entre vivre et me laisser dégringoler.

Je crois aussi que, tout au fond de moi, j'ai laissé tomber le souci de savoir qui j'étais, avec mon nom, mes ancêtres et tout ça. D'ailleurs, c'est juste après cela que je me suis orienté sérieusement vers le bouddhisme.

J'ai lu dans un texte qu'exister consistait en vérité à savoir rester assis calmement, se lever calmement, agir calmement.

Être dans l'attention permanente de l'instant, servir les autres, c'était cela être soi et rien d'autre. J'ai lu un poème de Thich Nhat Hanh[1] qui disait à peu près : “Je ne cesse de naître, je nais à chaque seconde, je suis l'enfant… je suis l'oiseau… je suis cet homme, cet autre, cette femme…” Ça m'a beaucoup parlé. Je crois avoir approché ce que c'est qu'exister sans être défini par quelque chose qui s'appelle une identité. Je crois avoir compris la différence entre mon nom et moi.

Maintenant que j'ai retrouvé mes papiers, j'attache beaucoup moins d'importance à mon identité.

Cela a des répercussions importantes dans ma vie : je ne suis plus fasciné par le modèle technologique occidental, je suis attiré par une vie très simple, vraiment extrêmement simple. Voilà où m'a mené ma prise de conscience.

C'est ce qui me reste de cette expérience. Et aussi une grande compassion pour tous les êtres qui sont pris dans une pensée obsessionnelle, parce que je sais la souffrance que cela représente. Il y a vraiment de quoi devenir fou ou désespéré. »

Oscar… quelle belle rencontre ! Un homme de qualité, profond, subtil.

La pensée obsessionnelle creuse un sillon si profond, si automatique, qu'il paraît impossible de s'en extraire. Les mêmes mécanismes mentaux se produisent inlassablement. C'est une fixation sur le problème.

Ceux qui ont connu des journées et des nuits où ils pensaient sans cesse à la même chose savent, comme Oscar, la souffrance qui en résulte.

Parmi les personnes ayant raconté une grande prise de conscience, Johanna a, elle aussi, vécu l'expérience d'une pensée obsessionnelle.

---

1. Moine bouddhiste, auteur de nombreux ouvrages.

2. Un amour fusionnel

Elle a été pendant longtemps ce que le langage populaire appelle un « tempérament entier », se donnant passionnément à ce qu'elle entreprenait tant dans le domaine professionnel que privé.

À trente-cinq ans, après de belles histoires passionnantes mais toujours entachées d'une difficulté à les vivre de façon harmonieuse et vraiment satisfaisante, Johanna tombe amoureuse d'un musicien noir américain vivant en Europe.

« Comme si le ciel m'était tombé sur la tête »

Le récit de Johanna.

Dès que je l'ai aperçu à un arrêt de bus à Paris, je l'ai trouvé extraordinairement beau. Un homme élégant, gracieux, avec une musculature très fine, un visage souriant, un port de tête de prince… C'était un artiste sensible, captant tout ce qui se passait autour de lui ; un homme généreux, un très bon musicien, un père attentif aussi, assurant régulièrement la garde de son fils.

En le rencontrant, il m'a semblé trouver réunies en un seul être toutes les qualités que j'avais cherchées jusque-là. J'ai été éblouie. Dire que je suis tombée amoureuse me semble faible. J'ai été conquise, sous le charme, émerveillée par cette rencontre.

Je ne me lassais pas de l'entendre, de l'écouter, de le toucher… Il était l'homme de ma vie, mon bonheur, ma joie, ma réalisation.

Cet amour était partagé. Nous voguions de son appartement au mien, nos vies se mélangeaient. J'étais si fière d'apparaître à son bras ! D'aller le chercher dans les clubs où il se produisait, de voir les regards d'envie se posant sur notre couple…

Ma vie était transfigurée. Je ne pouvais imaginer une journée sans lui. Et lui m'aimait de même.

Je me suis mis dans la tête de tout faire pour l'aider à trouver des contrats en Europe. Je suis devenue sa groupie, son fan-club, son agent, sa secrétaire, sa banquière, son soutien… En plus de mes propres activités professionnelles, je me dévouais totalement pour les siennes. J'aurais voulu que le monde entier reconnaisse ses talents.

Mais là ont commencé les problèmes. Il avait sa propre vision des choses, ne coïncidant pas toujours avec la mienne.

Il fréquentait des cercles d'amis au sein desquels il disparaissait parfois des semaines entières. Puis, réapparaissant, il s'étonnait de mes larmes et de mes scènes. Pour lui, cela était normal. C'était sa vie. Il n'avait pas à me dire tout le temps où il était. Pour moi, c'était une trahison épouvantable. Surtout lorsque j'apprenais qu'une jeune femme était venue le solliciter… je recevais un coup de poignard au cœur !

Je lui préparais des rendez-vous professionnels importants. À la dernière minute, il lui arrivait de ne pas s'y rendre, sans un mot d'excuses. Et toujours sans paraître comprendre la raison de mes protestations. M'avait-il demandé cela ? Non ? Alors, qu'est-ce que j'avais à m'exciter ainsi ? Lui, à ce moment-là, suivait d'autres envies… Mais en même temps, il se plaignait de ne pas y arriver, de ne pas assez connaître de gens importants, d'être toujours en difficulté financière. C'est vrai, il ne demandait pas directement de l'aide, mais je ne pouvais pas ne pas entendre ce discours de plainte. Alors de nouveau je m'agitais pour lui et, de nouveau, il m'accusait de l'étouffer.

Cris et scènes s'achevaient dans la réconciliation sur l'oreiller. Venaient alors quelques semaines de bonheur extatique. Puis à nouveau, soit il m'échappait sans un mot d'explication, soit il me reprochait mon attitude. Je retombais en enfer.

Plus il me fuyait et mettait de distance, plus son absence m'obsédait. C'est peu dire que je pensais à lui à chaque moment de ma vie. En dormant même, la sensation de sa présence ne me quittait pas.

Je ne vivais que par lui et pour lui. Chacun de ses pas l'écartant de moi était une souffrance abominable. Je ne pouvais pas comprendre son attitude. Je me sentais mourir quand il partait.

Comme il fallait s'y attendre, plus je m'accrochais à lui en le suppliant de rester près de moi et de n'aimer que moi, plus il avait le désir d'aller voir ailleurs… Les scènes sont devenues de plus en plus rapprochées et verbalement violentes.

Un jour, il a fini par quitter l'appartement en claquant la porte, en jurant de ne plus y remettre les pieds. Ce n'était pour moi qu'une menace sans suite comme tant d'autres. Comment aurait-il pu briser l'amour qui nous liait ?

Mais c'est pourtant ce qui s'est passé. Il a refusé de me revoir, jusqu'à me faire savoir qu'il habitait désormais avec une autre femme et que tout était fini.

Il est difficile de décrire la douleur que j'éprouvais.

J'ai tout essayé pour le revoir, lui parler, le convaincre : le guetter en bas de son immeuble, le poursuivre au téléphone, lui écrire. Je lui ai même expédié, à ma grande honte aujourd'hui, une cassette d'insultes et de reproches : la douleur me rendait folle. Je passais de la supplication à la colère, de la rage à l'abattement et au désespoir. J'étais tour à tour en larmes et menaçante. J'étais sûre qu'il m'aimait. Il n'avait pas su voir la personne que j'étais. Je voulais lui montrer. J'aurais voulu mourir. J'aurais fait n'importe quoi pour qu'il revienne.

Toute cette affaire durait depuis quatre ans. Quand je faisais le bilan, ce n'était guère brillant. Mes affaires professionnelles allaient mal. Toute ma vie était mobilisée par cette histoire. Je ne pensais qu'à ça. J'allais chez un psychanalyste et ne lui parlais à toutes les séances, deux fois par semaine, que de lui, uniquement et encore de lui... À se demander comment ce thérapeute a pu supporter cela, pendant tout ce temps sans me dire un mot ! Hélas, ai-je envie d'ajouter, car quelques paroles bien assénées m'auraient peut-être remis un peu plus tôt les pieds sur terre !

Mais je n'en étais pas là. L'autre était un égoïste ; il ne se rendait pas compte de mon dévouement, plus que cela : de ma dévotion, de l'extraordinaire beauté de mon amour... Il ne voyait pas tout ce que nous pouvions faire ensemble, la grande carrière pour laquelle j'étais prête à l'aider totalement. Il était aveugle, indigne de mon amour... Voilà comment je voyais la situation.

Et je ne pensais encore et toujours qu'à lui... J'allais vraiment très, très mal. Il m'arrivait d'être incapable de me lever le matin et je passais des journées sous ma couette à pleurer et gémir.

Et puis un jour, j'ai lu un livre qui a eu l'effet d'un choc salvateur. Je me souviens très bien de son titre, il est resté gravé dans ma mémoire. C'était *Ces femmes qui aiment trop*[1]. Une révélation. Le livre expliquait comment et pourquoi nous pouvons être en manque de l'autre jusqu'à la folie...

---

1. De Robin Norwood.

Surtout, il m'apparaissait soudain avec la clarté de l'évidence que ce n'était pas lui le coupable, le malade, mais moi. C'est moi qui souffrais d'une pathologie semblable à la drogue, d'une addiction à l'autre, de ce que l'auteur appelait la maladie de la codépendance.

Le ciel me tombait sur la tête. Je me reconnaissais parfaitement dans les descriptions de ce livre.

Oui, j'étais cette femme qui voulait absolument changer l'autre, l'amener à penser comme elle, à vivre comme elle. Oui, j'étais cette femme qui ne voyait son bonheur que dans l'autre, qui ne savait pas quels étaient ses propres besoins et ses désirs, seuls comptant les besoins et les désirs de l'autre.

Oui, j'étais cette femme qui revivait à travers cette histoire ses abandons et trahisons d'enfant.

Oui, j'attendais de l'autre qu'il me guérisse et, en même temps, c'est moi qui voulais absolument le sauver.

J'ai dévoré ce livre. Des pans entiers de ma conscience et de ma vie s'éclairaient. Tout prenait sens. Je comprenais ce qui m'arrivait.

Cet ouvrage m'offrait un diagnostic clair et précis de mon état. J'étais malade. Cette maladie s'appelait la codépendance. Je pouvais me soigner. Il était possible de guérir et j'ai été immédiatement et absolument décidée à en réchapper.

Oh, bien sûr, tout n'est pas parti d'un coup mais j'étais maintenant en route pour chercher et trouver le bon endroit et le bon thérapeute pouvant aider à ma guérison.

C'est exactement ce qui s'est passé. Rien ne pouvait m'arrêter dans ma détermination. J'en avais assez de souffrir ainsi. Je n'en pouvais plus de ne même pas savoir ce qui était bon pour moi.

Je me suis guérie. J'y ai mis toutes mes forces et pas mal d'argent ! Je peux dire qu'à partir du moment où j'ai lu ce livre et où j'ai compris précisément ce qui se passait en moi, tout mon univers affectif a basculé. J'ai lutté, exactement comme un drogué sortant de son addiction. J'ai compris ce qui était en jeu au fond de moi et dans mon histoire.

J'ai appris à faire la distinction entre aimer et se perdre dans l'autre. J'ai appris à m'aimer, à me considérer avec respect, à ressentir mes besoins et mes manques et à cesser, enfin, d'attendre qu'un autre les comble. J'ai appris à m'occuper de moi.

Le plus beau dans cette affaire, est que nous nous sommes revus, lui et moi. Nous avons pu nous pardonner mutuellement les mauvais coups. Il est aujourd'hui reparti aux États-Unis et nous nous faisons de temps en temps un petit signe. Quand, de nouveau, il se plaint sans vraiment demander, je ne réponds pas. Plus jamais, je ne remettrai les pieds dans un tel enfer.

Je lui ai plus que pardonné : je le remercie de m'avoir quittée et, ce faisant, d'avoir provoqué toute cette douleur. Sans elle, je ne me serais peut-être jamais mise en quête de ma guérison.

*

À lire les récits de Johanna et d'Oscar, il est vraiment frappant de constater comme la pensée peut devenir un système clos et sans issue.

Il leur a fallu aller chercher au plus profond d'eux-mêmes, remettre en cause des choses très subtiles vraiment lointaines dans leur conscience, situées dans les fondations de leur vie, pour comprendre les mécanismes implacables les menant à tant de souffrances.

Oscar élabore sa sortie de crise en faisant peu à peu la distinction entre sa personne réelle et son personnage social.

L'extrême souffrance de Johanna la rend disponible à entendre le diagnostic à poser sur son état : la codépendance. Et en conséquence à prendre toutes les mesures de soin.

Tous les deux, chacun dans un domaine différent, doivent désapprendre leur manière de vivre et leur façon de construire leur relation à autrui.

C'est une désadaptation difficile et douloureuse. Puis c'est une immense libération quand un autre mode de fonctionnement se met en place. Oscar s'est senti redevenir un être complet. Johanna a accédé à une qualité d'amour dans le respect de l'autre et d'elle-même.

Cela valait vraiment le coup de passer par cette prise de conscience même avec un accouchement aussi difficile !

Est-ce d'ailleurs toujours aussi douloureux ? Toute prise de conscience se fait-elle dans le tourment ? Non. Il y a ce que les personnes ont qualifié elles-mêmes de « petites prises de conscience » mais aux conséquences parfois très importantes.

VI

DES « PETITES » PRISES DE CONSCIENCE

Il y a les grands ébranlements, les crises majeures, les enfers traversés… Mais aussi des prises de conscience venant de façon moins douloureuse et même carrément avec humour, de manière inattendue. Sont-elles pour autant mineures ?

1. Une meilleure confiance en soi

Nous présentions un de nos ateliers lors d'une rencontre publique. Dans l'assistance, une jeune femme nous demanda avec une certaine inquiétude s'il était obligatoire de passer par une étape d'effondrement et de grande tempête intérieure pour accéder à davantage de conscience et de lucidité. La réponse est non. Rien n'est systématique dans le fonctionnement des êtres humains.

Des prises de conscience importantes, des déclics libérateurs, se produisent aussi de façon surprenante, originale et même drôle. Parfois, l'oreille accroche une réflexion ou une idée étonnante au détour d'une conversation en rebondissant sur un mot ouvrant une réflexion nouvelle. C'est une irruption déroutante qui change la couleur des choses.

L'étonnement dévoile l'interrogation, lève une énigme et la résout d'un même mouvement.

Cela se passe parfois au cours d'un stage de développement personnel, en écoutant un autre participant : « Tiens, mais c'est curieux ce que tu dis ; ça alors, je n'aurais jamais pensé… Mais moi aussi je suis dans ce cas… C'est tellement évident… J'en suis bouleversé… »

Vous souvenez-vous de Bernadette dans le second chapitre ? C'est en rapportant une conversation avec sa mère qu'elle réalise l'intensité de sa peur de l'abandon avec toutes les conséquences d'un comportement de soumission.

Un petit fait au départ, une grande conséquence à l'arrivée.

Un jour, le directeur des relations humaines a demandé à Linda de dire le petit discours de présentation de la fête de Noël dans l'entreprise pour l'ensemble du personnel. Elle a d'abord refusé mais il a insisté. « Vous serez très bien. »

Linda n'en a pas dormi pendant deux nuits : elle allait être ridicule et comment allait-elle s'habiller ? À sa grande surprise, ses collègues ont approuvé le choix du directeur : « C'est super, tu donnes une très bonne image du personnel ! » Quand elle a timidement demandé conseil pour ses vêtements, elle a été encore plus étonnée d'entendre des compliments sur sa silhouette. « Tu es encore tellement bien ! », « Tu as un très beau maintien » avait surenchéri quelqu'un.

Oui, l'image dans sa glace était celle d'une femme de plus de cinquante ans plutôt agréable à regarder… Pourquoi ne le croyait-elle pas ? Quand elle a abordé le sujet avec son compagnon, il lui a carrément déclaré : « Je suis content que tu m'en parles car j'aimerais bien que tu te mettes en valeur ; franchement, je trouve que tu achètes toujours des vêtements qui te cachent. Moi ça me ferait plaisir de te voir un peu plus sexy. Et arrête de me dire que ce n'est plus de ton âge ! C'est très énervant, on n'est pas des vieux quand même ! »

Linda s'est acheté une petite robe glamour avec un beau décolleté. Il lui a fallu tout son courage pour se présenter avec. La fête s'est très bien passée et on a dansé jusqu'à l'aube. Mais elle se souvient encore de la panique qui l'a saisie juste avant de monter sur scène. Elle aurait voulu disparaître… Puis les mots sont sortis de sa bouche, les applaudissements, la musique… Et surtout, surtout, la découverte étonnante d'une lueur différente dans les yeux des hommes. Ce n'est rien, juste un nouvel élément qui vient contredire une petite voix intérieure désagréable, celle d'un père trop moqueur : « T'es moche ma fille ! »

De ce jour, un déplacement invisible et léger de son regard intérieur s'est produit. Linda baisse moins les yeux en marchant. Elle ose croiser le regard des hommes.

Une anecdote ? Un changement insignifiant ? Une « petite » prise de conscience ? Certes, mais aux conséquences en rafale : elle se rend compte qu'elle s'est toujours subtilement rabaissée sans oser prendre sa place légitime. Qu'il est grand temps pour elle de se mettre en route vers davantage d'estime de soi. D'oser sentir et exprimer sa féminité.

Une « petite » prise de conscience ajoutée à une autre et encore à une autre… Cela finit par faire de grands changements. En comparaison avec de graves problèmes, ce sont des points pouvant paraître secondaires même aux yeux des personnes intéressées. Mais si mineurs soient-ils, ils assombrissent la vie et la rendent plus difficile.

Nous en avons un autre exemple avec Karim, jeune homme doué pour le commerce mais paralysé à l'idée de parler devant un auditoire.

Depuis son entrée dans cette grande entreprise, il s'arrangeait toujours pour ne pas être mis en avant, préférant se minorer systématiquement. Jusqu'au jour où il participe à une formation animée par Marthe.

Il est très surpris en l'entendant déclarer tranquillement devant l'assemblée qu'elle ne connaît pas la totalité du sujet à traiter et qu'elle espère bien une collaboration active de la salle.

À la pause et en aparté, il lui confie interloqué son incompréhension devant une telle attitude.

Au retour et face au groupe, Marthe explique : « Quelle est une des règles essentielles d'une bonne circulation de l'information entre collaborateurs ? Sur n'importe quel sujet, il est probable que l'un en sache davantage que les autres, tous ayant des points d'ignorance et d'interrogation sur différents aspects.

Si personne ne révèle ses doutes, si chacun reste campé sur l'affirmation de ses savoirs, le groupe se prive de renseignements importants. Il est par exemple assez courant de voir des réunions où aucune des personnes présentes n'ose exprimer ses incertitudes. Du coup, on ne vérifie pas, ou mal, ce qui est avancé. Or, les inexactitudes et les approximations sont à la base de la plupart des échecs.

Au contraire, si nous nous donnons mutuellement l'autorisation d'exprimer nos interrogations et doutes, tout le monde y gagne. Le groupe peut faire le bilan de ce qu'il sait véritablement ou non. Il augmente son efficacité en organisation et en temps. Le savoir est partagé. On sait tout de suite ce qu'il faut approfondir et sur quoi doit porter la recherche d'information. Les participants apprennent à fonctionner en collaboration et confiance.

J'applique ce principe dans mes formations. J'ai conscience d'accompagner des groupes d'adultes responsables ayant forcément des connaissances que je ne possède pas. Reconnaître nos ignorances permet l'échange de savoirs avec le moins de stress possible puisque nul n'est sommé de tout connaître. Cela nous ôte collectivement la crainte de l'échec et du jugement. La parole et la créativité sont libérées. Nous pouvons contrôler la circulation de l'information et sa compréhension correcte par tous. »

Puis elle ajoute en direction de Karim :

« Je suis une personne humaine, pas un cédérom avec des millions de connaissances stockées et consultables d'un clic. Je reconnais mon impossibilité à connaître l'ensemble de mon domaine de compétence. Celui-ci sera toujours plus grand que mes capacités de savoirs et de mémorisation. En ce sens, le cédérom est plus fort que moi. Je m'incline. Mais j'ai le pouvoir de faire une chose impossible pour le cédérom : mobiliser les capacités d'un groupe pour trouver la meilleure réponse à une situation donnée. »

Pour Karim, ce raisonnement allait à l'encontre d'une croyance exactement opposée. Pour lui, être animateur face à un groupe supposait l'absolue nécessité de pouvoir répondre à l'ensemble des questions. Il se disait avec terreur : « Mais que va-t-il se passer si ces gens m'interrogent et que je ne sais pas répondre ? Ce sera horrible ! Tout le monde verra mon ignorance ! Je vais passer pour un nul. » La tâche lui apparaissait évidemment impossible. En conséquence, il ne montrait rien de ses savoirs ni de ses qualités.

Or, pour la première fois grâce à cette démonstration publique, il entrevoyait la possibilité de répondre simplement à une question déstabilisante : « Je ne sais pas. Il m'est nécessaire de réfléchir ou de faire une recherche avant de vous répondre, mais peut-être qu'une personne du groupe peut nous éclairer. » À sa grande surprise, non seulement les participants acceptaient cette proposition mais jouaient efficacement le jeu.

Cette « petite » prise de conscience l'a soulagé d'un problème qu'il avait toujours sous-estimé mais qui, en réalité, lui barrait un chemin professionnel lui tenant à cœur. S'étant délesté de cette croyance en un savoir sans faille, il a accepté la mission de formation dont il rêvait sans croire pouvoir la réussir. Aujourd'hui, s'il lui arrive encore de sentir le souffle de la panique juste avant une prise de parole, il se répète : « C'est OK, je ne suis pas un cédérom… » Et ça va beaucoup mieux !

De fil en aiguille, ce changement l'a poussé à assumer des responsabilités et à affronter des situations nouvelles, elles-mêmes génératrices de nouvelles prises de conscience. Au final et au bout de quelques années, Karim a tout à fait abandonné ses vieilles façons de réagir au profit d'une meilleure adaptation à la vie sociale. Il sait montrer ses compétences tout en ayant conscience de ses limites. Il dit de lui avec humour : « J'étais une petite souris invisible et j'en souffrais sans oser me le dire. Maintenant, je ne mets plus la barre si haut, je fais simplement ce que je peux faire et j'en suis heureux. »

Ainsi, il est évident que ces « petites » prises de conscience ne sont pas à négliger, loin de là. Elles labourent le champ de la conscience et sèment autant de graines d'avenir. Ce ne sont pas des ébranlements majeurs mais, tout compte fait, au bout d'un certain temps et d'efforts de réadaptation, le résultat est aussi énorme.

Et parfois l'humour s'en mêle…

2. Des regrets romanesques

Elvire, Lise et Brigitte sont trois grandes copines se connaissant depuis longtemps. Elles adorent papoter dans leurs « soirées filles ». Elles aiment par-dessus tout rire et faire les folles. Mais pour se soutenir mutuellement, elles savent aussi être très sérieuses.

Depuis qu'elles se connaissent, un sujet revient de temps en temps sur le tapis… « Ça y est, Elvire a sa tête des mauvais jours… » Lise et Brigitte connaissent d'avance celui qui va monopoliser la soirée : Lucien, le premier amour d'Elvire.

Ah, ce fameux Lucien !... Lise et Brigitte ne l'ont jamais vu, l'histoire date de si longtemps… Mais elles en ont entendu parler de long en large. Elles finissent par connaître sur le bout des doigts l'histoire mille fois racontée. Elles ont toujours fait preuve de compréhension pour leur amie, l'ont écoutée, plainte, consolée… Mais à la longue une certaine lassitude a commencé à s'emparer d'elles.

Elvire n'a jamais complètement tourné la page de cette brutale rupture. Elle avait dix-huit ans. Dans un moment de colère, elle l'avait éconduit. Dès la séparation, elle avait compris sa bêtise, ce garçon étant vraiment un type bien, assez exceptionnel même à plus d'un titre, et elle l'aimait… Seulement voilà, trop tard, l'irrémédiable rupture était accomplie.

Depuis ce jour lointain, Elvire a plutôt bien vécu sa vie amoureuse. Cependant, dans les moments difficiles, ce souvenir cuisant lui revient. Elle a alors la sensation d'avoir loupé l'homme de sa vie. Elle a coutume de dire : « Si j'étais restée avec lui, ma vie aurait été complètement différente. J'ai vraiment gâché une énorme chance… Je n'ai pas vraiment accompli ma destinée… C'était lui mon homme… » Voilà ce que Lise et Brigitte entendaient régulièrement et un peu trop souvent à leur goût.

Jusqu'à ce jour où le sujet étant encore revenu là-dessus, elles en ont eu définitivement assez !... « Écoute Elvire, bon d'accord, si tu t'étais mariée avec lui… OK, eh bien, imaginons la suite maintenant… Tu as dix-huit ans et tu te maries, qu'est-ce qui se passe ? »

Elvire répond : « Je serais partie vivre avec lui, en Bretagne, dans une belle maison… », « Avec des enfants ? », « Oui, bien sûr… », « Combien ? », « Deux ou trois… La famille c'était très important pour lui. Il avait de grandes valeurs… », « La famille, tu veux dire aussi la belle-famille ? », « Bien sûr. »

« Passionnant ! Et tu aurais appris à faire le far, ce léger gâteau à partager après la messe obligatoire du dimanche… Quelle belle vie ! Pendant que monsieur serait allé faire du bateau, tu aurais gardé les enfants en tenant compagnie à belle-maman… Bien sûr tu ne travailles pas, ça ne se fait pas… On papote en regardant passer les voisins ; tu surveilles aussi du coin de l'œil que pas une donzelle ne s'approche trop près du beau Lucien… Parce que toi, bien sûr, tu es très occupée avec la maison, impeccable bien entendu, il faut faire honneur à Lucien notre héros !... Eh bien ma vieille, nous tenons à te dire que, telle que nous te connaissons, tu n'aurais pas tenu cinq ans avant d'envoyer tout balader ! Dehors le Julot ! Terminée l'idylle entre les torchons et la cuisine ! La belle histoire se soldait par un divorce et rapidement ! Tu peux être contente, la rupture rapide et fatale t'a évité de perdre quelques années de ta vie dans l'ennui et le crachin… ! »

Elvire proteste et tente d'argumenter mais ses amies ne la laissent pas souffler. Elles sont déchaînées. Elles décrivent le scénario apocalyptique d'un Prince Charmant surnommé Julot et le fou rire les prend.

« Ah le beau Julot ! C'est qu'il va falloir assurer, le soutenir, recevoir la bonne bourgeoisie locale… Allez Elvire, oublie ta vie d'artiste et tes folies… C'est bobonne aux fourneaux et le ménage et les marmots et l'ennui qui plombe ! Tiens-toi droite ! Bouffe des crêpes pour oublier ! D'autant que tu nous l'as bien dit, il était d'une classe sociale nettement supérieure à la tienne, n'est-ce pas ? Ça, on saura te le rappeler discrètement mais sûrement dans la belle-famille… Ma fille, apprenez donc les belles manières !... Non, tu ne vas pas aller t'éclater avec tes copains, qu'est-ce qu'on dirait de la femme de Julot… ! Mais nous, on en a ras la casquette de ton Julot. On va aller le voir, sonner à sa porte : alors c'est toi le salaud qui a plaqué notre copine il y a trente ans ? Tiens, dans la gueule ! On n'en peut plus de Julot ! On va lui casser sa bagnole, lui pourrir la vie ! Mais tu la lâches notre copine ! On ne veut plus entendre parler de toi, marin de mes fesses ! Tiens connard, prends ça ! »

Elles ont saisi un coussin devenu Julot, le tapent, lui fichent une correction. Tant et si bien qu'Elvire se tord de rire à son tour… et en rajoute dans le délire !

Bienfaisant rire… Rire guérisseur…

L'humour salvateur dédramatise et rend ses oripeaux aux fantasmes. Elvire commence à réaliser combien il est incertain de s'imaginer un autre destin : « Si je m'étais mariée avec Lucien, on se serait peut-être fichu sur la figure ! »

Rire qui se moque de l'indécrottable nostalgie : « Si j'avais su… Si j'étais… Si ça ne s'était pas passé comme ça… » Nostalgie romantique ne menant nulle part. Regrets éternels… mais supputés ! Car la vie n'aurait peut-être pas été si agréable sur le chemin que nous n'avons pas pris ! En réalité, rien ne nous indique qu'on ait laissé échapper un bonheur.

Mieux même, le destin nous a peut-être sauvés d'un bien mauvais pas et épargnés de grandes déceptions !

Ce qui tombe d'un coup est une croyance sabotant la joie de vivre. Celle d'imaginer qu'on a loupé sa vraie vie… Une telle idée tire vers l'arrière, nous laisse rivés au passé, empêche de savourer le présent, enlève de la force. Elle est uniquement basée sur des hypothèses. Elle ne sert à rien.

La nostalgie de ce qui aurait pu être est peut-être jolie, très cinématographique et fait composer de belles chansons, mais n'est d'aucune utilité pour le bonheur, bien au contraire.

Cette soirée mémorable où les trois amies ont déboulonné la statue de Lucien – devenu Julot dès qu'elles en parlent, et toujours pour en rire maintenant – est restée dans leurs annales de copines.

Elvire a été guérie de ses crises de regrets. Elle a pris conscience que vouloir réécrire l'histoire n'a aucun sens en réalité. Non seulement les regrets ne lui rendaient pas service, mais ils l'empêchaient insidieusement de se réjouir de son beau parcours de vie.

Lorsque nous en avons discuté avec elle, elle a analysé sa prise de conscience en expliquant qu'à son avis elle approchait déjà de cet instant de libération, avant cette scène de rigolade. « J'étais prête » nous a-t-elle confié. « Tu m'étonnes au bout de trente ans ! » ont rigolé les copines.

Mais le regret était tenace avec la crainte d'avoir loupé quelque chose, « de n'avoir pas pris le bon train ». Cette illusion était gravée en elle depuis si longtemps, il lui était difficile d'y mettre fin.

La fameuse crise de rire où le héros est revenu à une plus juste place lui a permis de faire son « deuil à 90 % ». Le reste a été un travail personnel qui consistait à tordre le cou à une croyance très limitante : celle d'imaginer un seul chemin de vie possible alors que la vie nous invite sans cesse à des carrefours.

Voilà un bel exemple de prise de conscience par le rire… Il est arrivé un peu la même chose à Jérôme figé dans une peine de rupture, le jour où ses copains ont improvisé un quart d'heure de comédie musicale sur le thème « Non Lulu, ne quitte pas Gégé ! » avec jeune premier en larmes, fiancée en tutu et choristes rock… Fou rire et défoulement assurés ! Pour Jérôme, la leçon a été très claire : « La vie vaut davantage qu'un chagrin d'amour ! » Et tant pis pour le romantisme !

Il existe d'ailleurs une « thérapie provocatrice[1] » qui fait sauter les tabous de façon clownesque avec des rires, en exprimant les choses dans un mélange subtil de dérision et d'empathie véritable. Cette thérapie joue sur l'absurde. Le rire libérateur n'a rien à voir avec le cynisme, car il ne s'agit pas de se moquer d'une personne mais de l'aider à percevoir l'impasse dans laquelle sa pensée la mène.

La plupart des pensées qui nous minent révèlent leur nature illusoire dès que nous osons les proférer à voix haute et surtout pousser leur logique jusqu'au bout.

Par exemple, Geneviève accueille un garçon réellement beau mais qui se juge si laid qu'il envisage de recourir à la chirurgie esthétique. Geneviève l'écoute et en rajoute : « Tu devrais sortir avec un casque intégral de moto, quand même il faut nous épargner… » Le tout avec un bon regard et une main gentiment posée sur l'épaule.

Elle en fait tant et tant que le jeune homme se met lui-même à rire et à protester, prenant sa propre défense : « Non mais tu exagères, ce n'est quand même pas aussi terrible… » L'absurde rend risible les idées stupides.

---

1. Théorisée et mise en pratique par un psychologue américain, Frank Farelly.

C'est ce que les deux amies ont fait avec Elvire. Leur rire était sincère, complice, tendre, plein d'amour pour leur copine dont les regrets les attristaient.

L'humour provoque une faille dans les mécanismes de la pensée et surtout une distanciation avec l'objet de la souffrance. Il fait cesser le monologue se tenant en permanence dans nos têtes. « Tu aurais dû… Tu devrais… Il faut… Si j'avais su… ». La place est alors libre pour l'avènement de la prise de conscience.

Il n'y a donc pas de « petites » prises de conscience. Toutes ont leur importance. L'incident quelconque qui nous déstabilise leur ouvre la porte. Il est en effet nécessaire de quitter les cheminements habituels de la pensée pour parvenir un jour à des attitudes plus satisfaisantes.

VII

La nécessité de désapprendre

Accident, rupture, choc, provocation, étonnement : être secoué semble nécessaire pour se donner une chance de penser autrement. Pour quelles raisons et quelles sont les instances intérieures qui sont alors sollicitées ?

1. Un inconscient qui apprend, stocke et trie

Le psychopédagogue Jean Piaget[1], spécialiste de l'apprentissage chez les très jeunes enfants, a mis en lumière le rôle d'une partie de notre inconscient qu'il a nommé « l'inconscient cognitif ». Son action recouvre des fonctions de mémoire, de sensations et d'émotions.

Cette part de notre inconscient est en action dans tous nos processus d'apprentissage.

Piaget le définit comme un ensemble de structures et de fonctionnements qui restent ignorés du sujet. Des mécanismes se déroulent en permanence à l'insu de notre entendement et hors de notre volonté. Lorsqu'au final la compréhension se manifeste, notre pensée la met en mots mais sans que nous puissions être conscients de son cheminement pour parvenir jusque-là. Seul le résultat est apparent.

Nous reviendrons un peu plus loin sur le rôle important de l'inconscient dans le processus de la prise de conscience. Nous allons d'abord nous attacher à comprendre comment nous construisons une représentation du monde, laquelle peut être transformée par une prise de conscience.

---

1. Philosophe et psychologue suisse (1896-1980), Jean Piaget a travaillé sur les étapes de l'intelligence et de la compréhension, de la naissance à l'âge adulte.

Un grand nombre de nos actions se fait sans que nous ayons à y penser.

Il est évident que nous n'avons pas à réfléchir pour conduire notre voiture sur une route déjà bien connue. Nous pouvons décider de tourner à droite ou à gauche sans avoir à refaire l'ensemble du processus : « Penser que je dois tourner, aller chercher dans ma mémoire, trouver les bonnes informations, les retraduire en pensées et prendre ma décision. »

Cette dernière – la décision – est quasiment immédiate. Du moins, cela nous semble ainsi. Entre le moment où nous apercevons l'intersection et notre volonté d'action, il s'écoule un temps de l'ordre de la milliseconde. Durant ce temps très bref, plusieurs zones du cerveau sont activées.

Notre apprentissage (conduite d'un véhicule) est adapté à notre mémoire (reconnaissance du chemin) et à notre décision (savoir par où je vais et pourquoi). Tout nous semble se faire naturellement, simultanément, comme allant de soi. Un processus interne a été déclenché hors de notre pensée consciente, qui réceptionne seulement le résultat (savoir que nous devons tourner là et le faire).

Il nous est donc possible d'apporter un grand nombre de réponses à des situations sans avoir à y penser étape par étape. L'inconscient cognitif s'en charge à notre place et heureusement !

Cela a un très grand avantage : celui de pouvoir répondre rapidement à la réalité complexe qui nous entoure.

Il est nettement plus facile d'agir en nous basant sur une expérience déjà acquise sans avoir à tout remettre en question… Comme dans l'exemple de la conduite de la voiture, nous n'avons pas à nous réinterroger sans cesse pour décider d'aller faire les courses alimentaires ou tout autre décision de la vie quotidienne !

Ce processus de conditionnement, si pratique pour le quotidien, est tout aussi valable pour nos idées.

C'est en effet ainsi que nous fabriquons nos opinions.

2. La fabrique de notre représentation du monde

Dès la naissance, nous expérimentons le monde qui nous entoure. Ces expérimentations sont classées en « agréables » ou « désagréables » selon les sensations de confort, de plaisir ou de peine qui en découlent. De même, selon les réponses de notre entourage, nous évaluons leur pertinence et leur efficacité pour obtenir le résultat souhaité.

L'ensemble de ces émotions, sensations, échanges et interactions nous façonne sans que nous en ayons conscience la plupart du temps. En effet, la majorité de nos perceptions visuelles, auditives, tactiles et émotionnelles s'imprègne en nous sans même que nous nous en rendions compte. On nomme ce phénomène « l'apprentissage implicite » : cette situation courante où l'on apprend sans en avoir l'intention et où l'on est incapable d'expliquer clairement ce qu'on a appris. L'apprentissage du langage dès la naissance en est un exemple type.

Peu à peu nos goûts, convictions et idées se forgent. Nous ressentons clairement ce que nous aimons faire, exprimer et partager. Ce que nous détestons ou redoutons. Avec le temps et l'habitude, nous y sommes de moins en moins attentifs. Ce n'est plus remis en cause : je suis comme ça, j'aime, je n'aime pas, je veux, je désire, je crois, j'aimerais...

Une expérience très intéressante démontre la puissance de l'habitude. On fait résoudre à des étudiants un certain nombre de problèmes identiques dans leurs structures. Au début, ils réfléchissent point par point sur chaque problème. En ayant répété l'expérience un certain nombre de fois, les étudiants parviennent à donner très vite les solutions. Ils cessent alors de réellement réfléchir à la question posée. La preuve : sans les avertir, on change un des paramètres dans les problèmes posés. Sur leur lancée, ils continuent à faire le même type de raisonnement en se mettant évidemment à donner de mauvaises réponses dans lesquelles ils ont tendance à s'entêter.

Que s'est-il passé au niveau du cerveau de ces étudiants ? Au début de l'expérimentation, il utilise beaucoup de connexions et d'énergie pour trouver les solutions. Puis, au fil des séances, il en utilise de moins en moins. Enfin, il installe le plus petit circuit possible visant à donner rapidement et sans fatigue les réponses. En d'autres termes, le cerveau a créé un processus rapide qui continue d'être appliqué, même à tort.

Nous fabriquons nos opinions exactement de cette manière. À force de donner la même réponse au même questionnement, elle est de moins en moins remise en cause. Nous cessons d'analyser le problème. Pour notre cerveau, c'est un gain considérable de temps et d'énergie. C'est une façon d'économiser nos efforts.

Ces réponses « acquises », pourrait-on dire, construisent nos modèles de référence. Ce sont les filtres à travers lesquels nous regardons la vie et jugeons les faits qui s'y produisent. Ce sont nos manières de voir, avis, thèses, convictions, professions de foi, croyances… des certitudes aussi, allant jusqu'à la partialité, le préjugé, les stéréotypes, le parti pris… toutes sortes d'idées faites à l'avance et pré-établies.

La psychopédagogie moderne a amené l'idée que nous développons très tôt dans notre enfance des « théories » sur le monde. Tant que nous sommes jeunes, nous révisons ces théories et les adaptons au fur et à mesure des expériences vécues. Puis, une fois que cela semble à peu près fonctionner, la « théorie » est oubliée. Tout cet ensemble d'opinions devient un « allant de soi ». Nous avons construit notre image de nous-mêmes, des autres, de la société.

La réalité, la vie quotidienne, ne passent plus au crible d'une véritable réflexion. D'ailleurs, fait remarquable, nos expériences vont maintenant nous prouver combien nous avons raison dans nos opinions et nos croyances ! Et les autres ont tort, bien sûr !

Par exemple, nous pouvons avoir décidé, suite à quelques essais, que la musique classique est une chose ennuyeuse. Du coup, nous n'en écoutons jamais. Notre oreille n'y est donc pas formée. Par un enchaînement logique, puisque nous n'y prêtons pas attention, elle est exclue de notre champ de connaissance et si, par hasard, nous sommes contraints d'en écouter, elle nous paraît incompréhensible donc ennuyeuse. Confortés par cette nouvelle expérience, nous sommes renforcés dans notre opinion de départ : « J'avais raison, la musique classique est ennuyeuse ! »

Avoir raison consolide l'idée agréable que notre représentation du monde est la bonne.

Par exemple, je peux avoir la croyance que la vie est fondamentalement injuste et en particulier avec moi !

Chaque expérience d'injustice me saute à la figure : j'en souffre, j'y pense, je la mémorise. En revanche, je vais systématiquement ignorer les circonstances où la vie est juste avec moi. Pourquoi ? L'injustice m'est douloureuse, certes, mais à chaque fois que cela m'arrive, je constate que j'ai raison ! Or, j'aime avoir raison, à l'instar de quasiment tous mes frères humains.

C'est de cette façon que nous entretenons et renforçons nos présupposés. Certaines de nos valeurs, opinions, croyances, modèles, références… sont si fortement enracinés que nous n'y prêtons plus attention. Nos décisions et ressentis en sont imprégnés.

Tout cela fonctionne jusqu'au jour où nous nous trouvons face à une situation particulièrement inhabituelle. La manière « normale » de résoudre le problème et de trouver la solution ne fonctionne plus. Cela nous plonge dans la perplexité, la confusion, l'inquiétude et l'angoisse.

3. La nécessité de changer nos paramètres

Pour reprendre l'exemple de la voiture : si, tout à coup, le chemin a changé au point d'être absolument méconnaissable, nous sommes surpris, désarçonné, contrarié, anxieux… Contraint de nous arrêter et chercher de nouvelles ressources et façons de faire. La situation échappe à l'habitude. C'est tellement incompréhensible, déroutant et surprenant… que nous ne savons pas y répondre avec les ressorts habituels. Nos savoirs sont devenus inefficaces. C'est ce qui se passe à chaque fois que nous sommes brutalement mis dans une situation à laquelle nous ne sommes pas préparés. Dans le monde professionnel, ce peut être un licenciement imprévu, l'arrivée d'une nouvelle équipe de direction, d'un logiciel qui transforme les façons de faire. Dans la vie affective, c'est parfois un déménagement ou une séparation.

Face à la situation, une nouvelle évaluation est nécessaire car il va falloir peut-être entièrement changer de stratégie d'action. Pour prendre encore une image, c'est comme si nos circuits habituels de raisonnement devenaient incompétents. Il faut trouver une façon différente d'aborder les choses, de les analyser, de les comprendre hors de notre logique routinière. Ce qui fonctionnait ne marche plus. Nous devons abandonner des schémas, des repères, des évidences…

Il est nécessaire de nous désadapter et de désapprendre.

Or, rien n'est plus difficile pour l'être humain. Quand il s'agit simplement de trouver une autre route pour notre véhicule, cela va encore, mais quand cela touche nos sentiments, relations, vie amoureuse ? Désapprendre des goûts vestimentaires ou culinaires est déjà assez compliqué... Mais c'est encore beaucoup plus difficile en ce qui concerne nos choix de vie fondamentaux !

Il faut remettre en cause des croyances et des idées profondément ancrées. Nous désadapter de certains mécanismes n'est pas une mince affaire.

Ce que nous estimons comme « normal », les habitudes et les réflexes passés nous conduisent à un manque de flexibilité, à une certaine rigidité. C'est un frein puissant à la créativité. Chez certaines personnes cette rigidité peut devenir carrément un handicap. Les comportements sont si contraints que, même face à un danger mortel, changer est presque impossible[1].

Pour parachever notre explication concernant la façon dont se construisent les habitudes de pensée, reprenons par exemple le récit de Mélanie.

Dans sa structure inconsciente existe une croyance, un modèle, un programme, pouvant se résumer ainsi : « Si je suis capable de bien faire quelque chose, il est de mon devoir de le faire même si cela me coûte, même si cela va à l'encontre de mes désirs vitaux. » En simplifiant, c'est la phrase sur laquelle elle a travaillé en stage : « Je peux donc je dois. »

Pendant une bonne partie de sa vie, ce modèle a plutôt bien fonctionné pour elle. Il lui a permis de faire des études interdisciplinaires, de mener une carrière intéressante, variée et évolutive, d'apparaître comme une personne sur laquelle

1. La rigidité comportementale peut être aussi observée chez des personnes présentant des lésions cérébrales.

on peut compter, souple, capable d'une grande adaptation, attractive pour des entreprises ambitieuses, ne ménageant ni sa peine ni son temps avec, bien sûr, des récompenses et de la reconnaissance en retour.

Ce modèle a été élaboré quand elle était toute petite. Renforcé par de multiples expériences, il a longtemps solutionné les difficultés rencontrées… Jusqu'à une certaine étape de sa vie où cela est devenu de moins en moins le cas…

Mélanie, tout en continuant son fonctionnement habituel de ne renoncer à aucun projet proposé, a commencé à se sentir psychologiquement débordée, de plus en plus déchirée entre le souhait d'une vie plus centrée sur quelques désirs fondamentaux et son habitude de répondre favorablement à trop de sollicitations extérieures.

Peu à peu, le modèle intériorisé s'est révélé de moins en moins performant et de plus en plus contraignant.

Cependant, elle n'avait toujours pas conscience de répondre à cette croyance : « je peux donc je dois ». Elle n'avait pas accès à ce processus devenu automatique. Comme d'autres disent « La musique classique m'ennuie », elle continuait à répéter : « Je me dois de répondre à un projet passionnant parce que j'en suis capable », mais en étant de plus en plus mal avec cette affirmation.

Elle est entrée alors dans la phase de remise en question.

Pour toute personne devant réviser ses schémas comportementaux, c'est le temps de la crise, du brouillard, de l'incompréhension : « Je ne sais pas ce qui se passe, je ne sais plus ce que je dois faire, je ne sais plus où j'en suis, je me sens bloqué… Je ne comprends pas ce qui m'arrive, quelle est la bonne réponse ? »

La souffrance est d'être face à une décision, un problème ou une interrogation, et de sentir que la réponse habituelle, évidente, « naturelle » n'est plus la bonne ! La régulation automatique ne suffisant plus, la pensée doit trouver une nouvelle façon de faire. Il devient nécessaire de se déshabituer de modèles comportementaux pour entrer dans un processus permettant l'émergence de nouveaux schémas. Il s'agit parfois d'une remise en cause de certaines de nos croyances, au plus profond de nous-mêmes.

Un événement violent et inattendu peut précipiter et stimuler ce séisme intérieur. Ce peut être un accident, nous l'avons vu. Ou encore la fin d'un grand amour, l'approche d'un danger pressant, l'irruption d'un événement particulièrement perturbant. Ce choc intervient à un moment où l'interrogation et le doute sont déjà présents. Il vient secouer sur ce terrain à vif. Il casse la chaîne coutumière de pensées menant aux mêmes réponses et impasses.

D'autres façons de raisonner, de ressentir, de réagir, d'envisager les êtres et les choses, sont alors susceptibles d'émerger. La croyance limitante qui était embusquée dans les plis de l'habitude peut être dévoilée : c'est la prise de conscience. « Je comprends soudain pourquoi j'agis ainsi… Je vois les choses autrement, comme je ne les avais jamais vues… Voilà ce que je dois faire… » C'est une véritable réadaptation de nos comportements. La déconstruction et la désadaptation s'accélèrent.

Le cycle se boucle : au départ, il y a la construction d'un processus de pensée sur lequel des opinions et comportements s'édifient, renforcés par l'expérience. Puis un jour, pour résoudre un problème vient l'impérieuse nécessité de remettre en question les présupposés. Arrive alors une période de doutes et de déconstruction, aboutissant à la prise de conscience, à une compréhension profonde. Enfin, la reconstruction du raisonnement se fait sur des bases différentes, avec la création d'un autre modèle de référence plus adapté à la nouvelle réalité apparue.

À chaque point du cycle, notre faculté de comprendre et de réagir à notre environnement passe alternativement de la pensée consciente à l'inconscient cognitif.

Puisque nous réemployons ces termes théorisés par Jean Piaget, nous ne quitterons pas ce chapitre sans noter qu'il fut lui-même le sujet d'une prise de conscience soudaine. Il était un adolescent étonnamment en avance sur son âge, érudit passionné et déjà expert en biologie. Né dans une famille très religieuse, son monde se confine alors à la théologie et aux sciences naturelles. Mais cet été-là, il quitte sa famille pour passer des vacances chez son parrain. Celui-ci décide de lui enseigner la philosophie. Or, l'adolescent n'en avait jamais entendu parler en dehors des enseignements de la religion.

« Le choc fut immense, je dois l'admettre. Premièrement, ce fut un choc émotif et je me souviens d'un soir de révélation profonde : l'identification de Dieu avec la Vie même était une idée qui me remua presque jusqu'à l'extase parce qu'elle me permettait dès lors de voir dans la biologie l'explication de toutes choses et de l'esprit lui-même.

En second lieu, ce fut un choc intellectuel. Le problème de la connaissance m'apparut soudain dans une perspective entièrement nouvelle et comme un sujet d'étude fascinant. Cela me fit prendre la décision de consacrer ma vie à l'explication biologique de la connaissance[1]. »

Aussi soudaine et brusque soit-elle, la « révélation profonde » de la prise de conscience est toujours précédée par une période de travail invisible au plus profond de notre inconscient.

Nous allons le voir plus en détail maintenant.

---

1. Cédérom : « Jean Piaget, cheminements dans l'oeuvre scientifique », éditions Delachaux-Niestle.

VIII

LES TROIS ÉTAPES DE LA PRISE DE CONSCIENCE

Depuis le célèbre cri d'Archimède « *Eurêka !* », des scientifiques ont fait état de révélations soudaines de solutions apparaissant de manière inattendue. Parmi eux, Henri Poincaré a pu observer ses prises de conscience soudaines et poser les bases d'une compréhension nouvelle.

1. Enquête parmi les mathématiciens

Dans l'histoire des sciences occidentales, on présente en général la découverte comme une élaboration lente émergeant progressivement. On construit des raisonnements, on accumule des données et une nouvelle vérité apparaît doucement. Le scientifique, à force de tâtonnements, d'hésitations, d'essais, fait et refait son travail, ajoutant chaque jour un élément jusqu'à pleine satisfaction. Il y aurait comme un tracé logique, un chemin linéaire de la pensée. Mais quand on regarde de près l'histoire des découvertes, on se rend compte qu'il n'est pas rare que celles-ci aient surgi dans l'esprit de leurs inventeurs comme un élément incongru et surprenant. Le travail consiste ensuite à les étayer et les prouver avec parfois de grandes difficultés.

C'est ainsi que certaines nouvelles idées sont traitées de « folie, fantasme, absurdité » au moment de leur émergence et autres qualificatifs peu aimables pour les pionniers.

Nous avons la chance d'avoir en ce domaine un témoignage de premier ordre.

Henri Poincaré fut un des plus grands hommes de science de son époque[1]. Mathématicien, physicien, philosophe, homme de cœur et de passion, il est considéré comme un

1. 1854-1912.

précurseur des mathématiques modernes. Einstein considérait qu'il n'aurait rien pu faire sans son travail.

Il publie une trentaine de volumes, des centaines de notes, articles et mémoires. Ses travaux changent totalement le paysage des mathématiques. Il redéfinit le temps et la lumière et élabore mathématiquement la théorie du chaos dont il donne cette définition limpide : « Une cause très petite qui nous échappe détermine un effet considérable que nous ne pouvons pas ne pas voir, et alors nous disons que cet effet est dû au hasard… »

À noter d'ailleurs que cette phrase pourrait tout aussi bien décrire la prise de conscience, telle que nous l'abordons dans ce livre. Une cause très petite (un mot, une réflexion, un incident…) entraîne un énorme travail souterrain. Et lorsque surgit le « mais bien sûr ! », il semble venir de nulle part.

En 1908, l'Institut général psychologique a l'idée de lancer une enquête concernant les habitudes de l'esprit et les méthodes de travail des mathématiciens. Questionné et fort intéressé par la démarche, Henri Poincaré se lance dans une investigation sur lui-même. Il s'interroge : comment s'élabore mon raisonnement ? Tout est-il raisonnement ? Quelle place pour l'intuition ? Comment l'esprit opère-t-il ses choix entre toutes les solutions possibles et envisageables ?

Quelques mois plus tard, il livre ses résultats dans une conférence restée célèbre dans les milieux s'intéressant à la construction de la pensée.

Dans ce texte, il relate l'ensemble des étapes et péripéties d'une découverte avec plusieurs prises de conscience soudaines et inattendues. Nous avons ainsi la chance de posséder la description de ce mécanisme si mystérieux venant d'un homme de grand savoir qu'on ne peut suspecter d'affabulation.

Des termes mathématiques de très haut niveau figurent dans ce que vous allez lire maintenant. Peu importe de ne pas les comprendre ; très peu de personnes en sont d'ailleurs capables ! Cela n'empêche pas de voir clairement le déroulement de la découverte, pas à pas, jusqu'à l'émergence brutale de l'évidence. Poincaré a lui-même mis en garde ses auditeurs : « Je vous demande pardon, je vais employer quelques expressions techniques, mais elles ne doivent pas vous effrayer, vous n'avez aucun besoin de les comprendre… Ce qui est intéressant pour le psychologue, ce n'est pas le théorème, ce sont les circonstances. »

Sachez seulement que les « fonctions fuchsiennes » dont il est question ici étaient un concept totalement nouveau, une rupture complète avec les mathématiques jusqu'alors enseignées. Il s'agit donc bien d'une invention et d'une création et pas seulement de l'approfondissement d'un savoir déjà installé.

Poincaré était face à un problème pour lequel il n'existait aucun chemin de connaissance à ce moment des sciences. Il était en train de créer un pan entier des mathématiques modernes. Il était un aventurier de l'esprit : nulle carte de cette nouvelle géographie, nul soutien pour lui. Il ne s'agissait pas seulement de résoudre des équations, il fallait *penser autrement.*

Écoutons-le.

2. Trois récits de solutions soudaines

« Depuis quinze jours, je m'efforçais de démontrer qu'il ne pouvait exister aucune fonction analogue à ce que j'ai appelé depuis les fonctions "fuchsiennes" ; j'étais alors fort ignorant. Tous les jours, je m'asseyais à ma table de travail, j'y passais une heure ou deux ; j'essayais un grand nombre de combinaisons et je n'arrivais à aucun résultat. Un soir, je pris du café noir, contrairement à mon habitude ; je ne pus m'endormir, les idées surgissaient en foule ; je les sentais comme se heurter, jusqu'à ce que deux d'entre elles s'accrochassent, pour ainsi dire, pour former une combinaison stable. Le matin, j'avais établi l'existence d'une classe de fonctions fuchsiennes… Je n'eus plus qu'à rédiger les résultats, ce qui me prit quelques heures.

(…) À ce moment, je quittai Caen, que j'habitais alors, pour prendre part à une course géologique entreprise par l'École des mines. Les péripéties du voyage me firent oublier mes travaux mathématiques ; arrivés à Coutances, nous montâmes dans un omnibus pour je ne sais quelle promenade. Au moment où je mettais le pied sur le marchepied, l'idée me vint, sans que rien dans mes pensées antérieures parût m'y avoir préparé, que les transformations dont j'avais fait usage pour définir les fonctions fuchsiennes étaient identiques à celles de la géométrie non euclidienne. Je ne fis pas de vérification, je n'en aurais pas eu le temps, puisqu'à peine dans l'omnibus je repris la conversation commencée ; mais j'eus tout de suite une entière certitude. De retour à Caen, je vérifiai le résultat à tête reposée pour l'acquit de ma conscience.

Je me mis alors à étudier des questions d'arithmétique sans grand résultat apparent et sans soupçonner que cela pût avoir le moindre rapport avec mes études antérieures. Dégoûté de mon insuccès, j'allai passer quelques jours au bord de la mer et je pensai à autre chose. Un jour, en me promenant sur la falaise, l'idée me vint, toujours avec le même caractère de brièveté, de soudaineté et de certitude immédiate, que les transformations arithmétiques des formes quadratiques ternaires indéfinies étaient identiques à celles de la géométrie non euclidienne.

Étant revenu à Caen, je réfléchis sur ce résultat et j'en tirai les conséquences ; cet exemple me montrait qu'il y avait des groupes fuchsiens autres (...) Je me proposais naturellement de former toutes ces fonctions. J'en fis le siège systématique et j'enlevai, l'un après l'autre, tous les ouvrages avancés ; il y en avait un cependant qui tenait encore et dont la chute devait entraîner celle du corps de place. Mais tous mes efforts ne servirent qu'à mieux faire connaître cette difficulté, ce qui était déjà quelque chose. Tout ce travail fut parfaitement conscient.

Là-dessus, je partis pour le Mont-Valérien où je devais faire mon service militaire. J'eus donc des préoccupations très différentes. Un jour, en traversant le boulevard, la solution de la difficulté qui m'avait arrêté m'apparut tout à coup. Je ne cherchai pas à l'approfondir immédiatement, et ce fut seulement après mon service que je repris la question. J'avais tous les éléments, je n'avais qu'à les rassembler et à les ordonner.

Je rédigeai donc mon mémoire définitif d'un trait et sans aucune peine.

Je me bornerai à cet exemple unique. Il est inutile de les multiplier. En ce qui concerne mes autres recherches, j'aurai à vous faire des récits analogues[1]… »

Voici donc le témoignage de Henri Poincaré.

On peut distinguer, pour chacune des expériences vécues par lui, les phases de la prise de conscience, de « l'illumination » selon ses termes :

— D'abord, un premier pas de raisonnement est fait, une partie du problème est réglée, mais pas tout. Une nouvelle question apparaît qui, elle, ne se laisse pas résoudre.

— Une nouvelle étape de réflexion et d'analyse s'ouvre.

— Ensuite, face à l'impossibilité de trouver, l'auteur passe à une autre activité qui l'occupe entièrement : sortie, promenade, service militaire…

— Au cours de cette activité, la solution surgit avec une clarté et une évidence absolues mais de façon inopinée (un pied sur le marchepied, au bord de la falaise, en traversant le boulevard…).

Poincaré ne prend pas la peine de noter tout de suite le résultat : il est acquis dans sa conscience de la façon la plus nette. Il attend d'être au calme : quelques heures, quelques jours et quelques mois après, pour vérifier et rédiger son résultat.

En résumé : une question consciente, un travail conscient puis une mise en sommeil et enfin un éclair de compréhension, encore un temps, puis l'écriture finale des résultats.

Que dit Poincaré de son expérience ? Qu'en tire-t-il comme leçons ? Trois éléments essentiels :

---

1. Extrait des *Œuvres* d'Henri Poincaré, tome 2, éditions Gauthier et Cie, 1916. Les œuvres de Poincaré ont été éditées en 1996 sous les auspices de l'Académie des sciences, éditions Jacques Gabay.

— Le rôle incontestable de l'inconscient et de son travail souterrain.

— Ce travail de l'inconscient est impossible sans une réflexion du moi conscient : c'est la phase de préparation à la prise de conscience.

— L'inconscient possède un fonctionnement qui lui est propre, à l'œuvre dans la phase d'incubation dans laquelle on ne s'occupe plus consciemment du problème.

Nous allons maintenant reprendre ces notions et voir comment elles s'appliquent à toutes les prises de conscience dans n'importe quel autre domaine.

3. Le rôle de l'inconscient

À l'époque de Poincaré, certains pouvaient encore penser que l'inconscient n'était qu'une part négligeable de notre esprit, une sorte de résidu archaïque devant céder la place dans l'évolution au conscient raisonné et logique. Mais aujourd'hui, les neurosciences ont confirmé sa place centrale : l'inconscient est le lieu de la mémoire – des mémoires, plus exactement –, de l'imaginaire, de la créativité, de l'intuition. Il n'est en rien inférieur au conscient. Il est capable d'élaborer, d'inventer, de deviner… En empruntant d'autres voies que le moi conscient.

Plus encore, aucun mécanisme intellectuel, aucun processus d'apprentissage ne se fait sans l'inconscient. Nous avons vu au chapitre précédent, avec Jean Piaget, le rôle capital de l'inconscient cognitif.

L'inconscient est ce qui distingue fondamentalement l'homme de la machine et de l'ordinateur en particulier. Il est beaucoup trop réducteur de comparer le cerveau et un disque dur. À la différence de la machine, nous sommes capables, malgré nous pourrait-on dire, de penser sans mots, d'imaginer, de symboliser, de pressentir. L'homme n'est pas réductible à sa mécanique neuronale, ni à ses gènes, ni à ses hormones. Il est cela mais aussi un organisme complexe intégrant des millions de paramètres, en interaction permanente avec son entourage et son environnement et en perpétuel changement et élaboration de lui-même, « 100 % inné, et 100 % acquis », selon l'expression paradoxale de Boris Cyrulnick[1], tant il est imbriqué dans le monde qui l'entoure.

Ses « programmes » ont peu à voir avec ceux d'un logiciel. Il est capable d'actions irraisonnées, poétiques, hasardeuses, allant même à l'encontre de ses intérêts propres ; capable de se remettre en cause, d'agir hors des chemins indiqués par ses « programmes » : et, parfois, c'est justement cela qu'il faut faire, contre toute logique. Quelque chose en lui sait, connaît, bien avant que cela ne soit mis en mots. Cette surprenante capacité humaine est due à la présence de l'inconscient, échappant à toute définition voulant l'enfermer trop étroitement.

On pourrait s'attendre chez des mathématiciens, les êtres les plus rationnels qui soient, allant de formule en formule par des chemins pouvant sans cesse être vérifiés et démontrés, que l'inconscient ne les concerne pas. Or, un des plus grands d'entre eux montre qu'il n'en est rien.

Il n'est pas le seul : d'autres de ses confrères ont rapporté des expériences analogues.

Le texte de Poincaré a suscité bien des années plus tard une nouvelle enquête, celle d'un autre mathématicien de très haut niveau, Jacques Hadamard (1865-1963). La petite histoire rapporte qu'Hadamard servit peut-être d'exemple au dessinateur Christophe pour son savant Cosinus !

Homme curieux de tout, d'une intelligence vive et sensible, engagé dans son temps, profondément blessé par la mort de deux de ses fils dans la guerre de 1914-1918, puis celle du dernier au cours de la Seconde Guerre mondiale. Il se passionna pour le texte de Poincaré. Il en tira, à son tour, une série de cours aux États-Unis qui deviendront un livre :

1. *La Naissance du sens*, Hachette Littératures, 2004.

Essai sur la psychologie du processus de découverte dans le domaine des mathématiques[1].

Dans cet ouvrage, il rapporte nombre de témoignages de chercheurs ayant eu des expériences semblables à celle de Poincaré. Tous attestent la présence d'une pensée au-delà du conscient.

Par exemple, Francis Galton, le grand généticien, tente d'expliquer sa pensée, laquelle lui apparaît sans mots. Lorsqu'il lui faut mettre ses travaux par écrit, les mots lui paraissent une gêne importante parce qu'ils limitent un sens beaucoup plus large et complexe qu'il « sent » sans pouvoir l'exprimer.

C'était également l'expérience de Jacques Hadamard qui s'étonne qu'on puisse mettre cela en doute. Il « voit » la solution comme un éclair et il lui faut un instant pour que le mot vienne alors qu'il a déjà compris la signification de l'éclair. Les célèbres vers de Boileau :

« Ce que l'on conçoit bien s'énonce clairement Et les mots pour le dire arrivent aisément »... n'ont aucun sens pour lui ! Il s'explique : « Je ne vois pas la formule elle-même, mais la place qu'elle prendrait si on l'écrivait... Ou encore je la vois dans un brouillard... Comme dans une conscience marginale. »

Plusieurs autres de ses confrères confirment ce type de vision d'images parfois vagues et lointaines ou en signes incompréhensibles pour quiconque, avec même un bruit de fond de mots n'ayant aucun sens.

« Les mots et le langage, écrit ou parlé, ne semblent pas jouer le moindre rôle dans le mécanisme de ma pensée. Les entités psychiques qui servent d'éléments à ma pensée sont certains signes ou des images plus ou moins claires, qui peu-

1. Éditions Jacques Gabay, 1995. Le même opuscule contient également le texte de la conférence de Poincaré.

vent "à volonté" être reproduits ou combinés... » Ces explications si surprenantes n'émanent pas d'un nébuleux antirationaliste, mais de Einstein, se questionnant sur son propre processus d'invention.

Descartes rêvait d'éliminer complètement l'imagination de la science tant il se méfiait de cette « folle du logis » comme l'appelait son disciple Nicolas Malebranche. Pour lui, la raison mise en mots était seule susceptible de ne pas nous illusionner. Mais les mots si bien ordonnés dans de grands dictionnaires sont-ils vraiment rassurants ? Bien des pensées complexes se trouvent affadies, édulcorées voire détournées et manipulées par des mots trahissant les subtilités de leur élaboration. Bien souvent souligne le généticien Albert Jacquard[1] « le mot, au lieu de permettre l'échange, devient un obstacle à la communication ; au lieu de transmettre un savoir, il induit en erreur... ».

L'inconscient est non seulement bien là, mais toujours présent dans l'ensemble des actions de la vie quotidienne. Sans lui, la pensée consciente et rationnelle serait d'une pauvreté affligeante.

Sans inconscient, pas de prise de conscience, pas d'intuition fulgurante, pas de saisissant raccourci permettant d'un seul coup de se dégager d'un problème.

L'inconscient est toujours actif. Les neurosciences montrent aujourd'hui, grâce à des séries d'expérimentations, que l'inconscient enregistre, sans que le conscient en soit informé, des informations implicites, voire subliminales c'est-à-dire trop rapides pour être conscientisées.

Il n'est pas seulement le lieu d'un dépôt passif, il est aussi réactif aux émotions et capable de cognition, c'est-à-dire de traiter seul et de façon originale l'information. En d'autres termes, nous voyons, entendons, accumulons des informations,

1. *Éloge de la différence*, Point Sciences, 1981.

des émotions et des ressentis sans nous en rendre compte. Tout cela forme un formidable brassage dans un lieu sans forme, nommé inconscient.

Mais à l'inverse, cet inconscient n'est rien sans l'apport du conscient et de la réflexion. C'est la seconde grande leçon de Poincaré.

4. La mobilisation préalable du conscient

Lorsque Poincaré se pose la question mathématique à résoudre, il a déjà derrière lui des mois de travaux conscients et ordonnés.

Lorsque Katia, Oscar, Alex, Johanna et tous les autres se heurtent à leur problème, ils passent un temps conséquent à le tourner dans tous les sens.

C'est une étape fondamentale qui précède la prise de conscience. Une grande attention est portée au problème. L'individu est pris dans la nasse d'une impossibilité à le résoudre. Il y porte son énergie, sa pensée, il se focalise dessus, il s'y contraint, s'y fixe. La douleur est elle-même un élément mobilisateur : elle ne se laisse pas facilement oublier, même au milieu du monde.

Le problème devient un élément central de la vie de cette personne.

Que le problème soit une invention scientifique, un choix de vie difficile ou trouver une issue à un tourment d'amour, le processus est identique.

La première étape est celle où, confrontés à la difficulté, nous nous concentrons dessus, remuant les paramètres en tous sens, brassons des pensées parfois absurdes ou irréalistes. Nous rabâchons, nous « ruminons » diront certains.

Cette phase préparatoire est incontournable.

L'inspiration ne peut avoir lieu sans elle. On pourrait imaginer pouvoir s'en passer vu la puissance de l'inconscient mais toutes les expériences rapportées démontrent le contraire. Il ne suffit pas de s'asseoir et d'attendre pour que la solution vienne toute seule. Il faut d'abord que les instances de réflexion soient mises en alerte.

On oppose parfois à cela l'exemple de Mozart qui disait entendre spontanément ses symphonies. Il écoutait dans sa tête et il ne lui restait plus qu'à les retranscrire. Mais ce serait oublier les années d'apprentissage, âpres et intenses, dès le plus jeune âge. C'est passer sous silence cet entraînement quotidien, amenant Mozart à penser sans cesse à sa musique. Analyses, méditations et réflexions musicales étaient devenues des automatismes chez lui. Il « pensait » directement en musique. Le solfège était son vocabulaire, les notes étaient ses mots.

Certains scientifiques ont également l'impression de « voir » les solutions sans avoir eu besoin de réfléchir avant. Mais là encore, à regarder de plus près, ces personnes sont comme Mozart presque toujours de grands penseurs, ayant acquis dès leur plus tendre enfance l'habitude de se concentrer et de ne jamais relâcher l'effort. Grâce à ces années de discipline et d'études, la phase préparatoire à la prise de conscience se poursuit à leur insu. Même occupés à autre chose, ils continuent en réalité à être concentrés sur l'objet de leur étude.

L'expérience de Newton est également souvent citée comme un cas d'illumination soudaine et sans préparation. En voyant tomber une pomme, il aurait trouvé la loi de la gravitation. Pourtant, interrogé sur la manière dont il fit sa découverte, il donna la réponse suivante : « En y pensant constamment. » Tension, concentration et ténacité sont nécessaires pour parvenir à mobiliser l'inconscient.

Un maître de méditation déclarait un jour : « À quoi sert de méditer sur un sujet avant d'avoir utilisé votre intelligence, avant d'avoir lu et appris, compris et interrogé ?

Avant d'avoir ressenti, pleuré, ri, rêvé ? Si vous n'avez pas fait cela, vous méditez sur un vase vide. C'est seulement s'il est plein que votre méditation le sera aussi… »

La phase préparatoire est celle où l'esprit est occupé par le problème de toutes les façons possibles. Le moi conscient est mobilisé, parfois jusqu'à l'obsession, nous l'avons vu.

Souvenez-vous de l'exemple de Katia osant peu à peu affronter le drame d'un mari violent et prendre petit à petit des décisions de libération. Alex dont les réflexions le ramènent sans cesse à la nécessité de changer de vie, Oscar qui, au-delà des « papiers », réfléchit pendant des semaines sur son éducation et l'influence d'une double culture… Un mouvement se crée. La solution n'est pas trouvée, loin de là, l'esprit peut apparaître comme complètement perdu dans le problème mais, en réalité, de multiples éléments de la prise de conscience commencent doucement à se mettre en place, même dans le désordre et le chaos.

C'est une période où il est possible de sentir l'approche de quelque chose de très important pour soi, mais tout est encore embrouillé et confus.

À cette étape de l'agitation consciente, l'inconscient n'est pas exclu, puisqu'il est sans cesse présent dans toutes nos actions mais il n'est pas au premier plan du travail. Il est présent d'une manière périphérique pourrait-on dire, comme en arrière-plan.

Cette étape de la réflexion consciente fait surgir de multiples idées de solution, raisonnables ou parfaitement absurdes. Nous nous trompons, nous nous égarons, nous nous entêtons. Nous croyons avoir trouvé puis tout est à recommencer. Des éléments sont satisfaisants mais il manque l'essentiel : le retournement de perspective.

Peut-être la solution est-elle déjà là, présente, mais elle ne nous apparaît pas ou ne peut être reconnue. Il semble pourtant qu'en brassant ces idées nous les mettions en mouvement.

5. La phase d'incubation et la prise de conscience

L'esprit se lasse face à la difficulté. Viennent la fatigue, la lassitude, le découragement, l'épuisement, l'envie d'oublier, de passer à autre chose. Ou encore d'autres préoccupations importantes viennent envahir le champ de la conscience : devoirs à accomplir, voyages, occupations multiples, travail important... comme nous l'avons vu dans le récit de Poincaré.

Le moi conscient décroche du problème, le travail en cours est laissé de côté. C'est à ce moment-là, durant la période où nous pensons à autre chose, que l'inconscient reprend le travail. Une nouvelle phase commence.

Mais que fait cet inconscient avec toutes les idées précédemment brassées par le conscient ?

Si nous suivons le témoignage de Poincaré et particulièrement sa première prise de conscience, à la suite de sa période de réflexion puis d'oubli provisoire vient une nuit particulière où il ne peut trouver le sommeil. Les idées se bousculent, « surgissent en foule », comme douées d'une vie propre, hors de contrôle de la volonté. Deux d'entre elles s'accrochent : au matin, une première découverte est réalisée.

Poincaré avait rarement des insomnies. Curieux du phénomène, attentif à ce qui se passe dans son esprit, il lui semble assister à un processus indépendant de sa volonté. Il devient spectateur du fonctionnement de son inconscient.

Il constate que les idées sont prises et jetées les unes contre les autres. Elles sont juxtaposées de manière apparemment illogique ou chaotique. Un grand brassage se fait. Et puis quelque chose de nouveau apparaît qui était déjà là virtuellement mais qui n'avait pas pu être vu.

Poincaré en déduit l'idée que l'inconscient ne cherche pas comme notre pensée consciente, par déduction et enchaînement, mais se sert de l'ensemble du matériau accumulé au cours des périodes précédentes pour en faire autre chose, en le réarrangeant autrement.

Autant le conscient est structuré d'une certaine façon, autant l'inconscient serait souple et multiple. Poincaré le pensait capable de faire surgir des idées totalement neuves à partir des connaissances présentes dans le moi conscient. Sans nul doute aussi, en puisant dans un immense réservoir de souvenirs « oubliés ».

Ce grand « remue-méninges » ne peut avoir lieu sans la période précédente de brassage et de fixation. L'esprit a d'abord été nourri d'éléments qui sont maintenant jetés les uns contre les autres jusqu'à ce qu'un nouveau sens apparaisse. Ensuite, le conscient lâche le contrôle et l'inconscient s'en empare.

C'est au cœur de notre « oubli » que de nouvelles idées peuvent apparaître par le brassage qui va s'opérer de façon souterraine.

Le fonctionnement de l'inconscient serait ainsi d'une liberté totale, faisant surgir des idées novatrices, difficiles à envisager directement par le mental structuré.

Le chemin suivi pourrait se résumer ainsi :

— Le conscient nourrit l'inconscient,

— Lequel s'empare du matériau, le retransforme, le malaxe avec d'autres idées,

— Puis le fait réapparaître au conscient sous un jour nouveau : c'est la prise de conscience, les fameux « Ça fait tilt ! », « Ah ! », « Mais bien sûr ! ».

Pour mieux répondre aux nouveaux défis posés, nous avons vu combien il était nécessaire de faire évoluer notre représentation du monde : opinions, croyances, certitudes. Celles-ci résident dans nos diverses mémoires : procédurale (habiletés, savoir-faire, conditionnements), déclarative (souvenirs), à court terme (mémoire immédiate) et à long terme (mémoire de référence).

L'inconscient, capable de les ordonner, serait également capable de les réordonner de façon originale. Il pourrait agir avec l'incroyable richesse de ses nombreux langages : imagés, symboliques, émotionnels, oniriques...

Un chercheur nous a confié : « Il arrive de me réveiller en sursaut, avec la solution clairement affichée dans ma tête et devant mes yeux. Je n'ai plus qu'à l'écrire. »

Poincaré allait jusqu'à poser l'hypothèse que notre inconscient trouvait peut-être des dizaines, voire des centaines de solutions possibles mais que le conscient retenait uniquement celles lui paraissant suffisamment logiques et rationnelles.

Après tout, c'est peut-être vrai car, lorsque nous nous amusons à dire tout ce qui nous passe par la tête au sujet d'un thème ou d'une solution à trouver, nous sentons bien l'incroyable capacité créative de notre imaginaire. L'inconscient fait jaillir les idées, le conscient les trie. Mais parce que le premier ne s'embarrasse pas de la réalité telle que nous la percevons habituellement, des relations entièrement nouvelles peuvent être établies entre des objets très différents. À cette occasion, une pensée libre et surprenante nous saute aux yeux : c'est l'illumination, *eurêka* !

À partir de là, le conscient reprend le flambeau. Car, au final, c'est lui qui décide ! C'est notre partie structurée et visible qui « prend » certaines solutions et en laisse d'autres.

Toutes les prises de conscience passeraient par ce mécanisme et emprunteraient ce chemin, sur des temps plus ou moins longs, dans n'importe quel domaine, scientifique ou affectif, relationnel ou artistique.

Ce qui nous arrive ainsi de l'inconscient doit être noté, ordonné et vérifié. La solution doit maintenant être intégrée dans l'ensemble des processus mentaux. Le conscient la valide. Poincaré rédige son mémoire en prenant soin de tout vérifier. Katia passe plusieurs jours à se concentrer sur sa phrase d'illumination, « Ce qui nous arrive n'est pas ce qu'on mérite, mais ce qui nous ressemble », pour en saisir tout le sens. Johanna se plonge dans une réflexion et un travail de fond sur elle-même. Alex tire, un par un, tous les enseignements et prend ses décisions.

Après le travail en sourdine du subconscient et le feu d'artifice du « J'ai compris ! », la réflexion consciente reprend le commandement.

Il arrive d'ailleurs que l'*insight* ne donne pas la solution complète mais des clés essentielles, des points de départ pour fonder un nouveau raisonnement. Gaétan, physicien, s'est amusé à noter ces révélations lui venant soudainement en pleine nuit et à les vérifier ensuite : « Huit fois sur douze, c'est parfaitement bon, et le reste n'est pas une erreur mais ce n'est pas tout à fait ça. »

Ce peut être aussi ce que la pédagogie nomme « les échecs paradoxaux », ces chemins détournés et semés d'erreurs mais qui, finalement, mènent à une juste compréhension.

Les témoins nous ont souvent confié l'enchaînement en cascade de leurs prises de conscience. La première est toujours décisive mais, au final, elle n'est pas systématiquement la plus importante.

Le principal est de sortir de l'ornière et de l'impasse. Une fois que nous entrevoyons une sortie, nous nous remettons en mouvement avec un entrain et un dynamisme qui changent tout.

6. La pression du temps

Revenons un instant au récit de Poincaré sur la première nuit où les idées se bousculent. Il y a là un rapport au temps tout à fait intéressant.

Il semble que la pression du temps puisse en certains cas jouer un rôle essentiel dans le jaillissement des idées comme s'il fallait que l'esprit se débarrasse au plus vite du problème en y jetant toutes ses forces créatives. Il existe des exemples de création dans l'ébullition d'un temps très court par rapport à l'œuvre à accomplir.

Citons Évariste Galois, mathématicien génial, tué à 20 ans dans un duel truqué au motif stupide, vraisemblablement un assassinat politique. Le 29 mai 1832, se sachant condamné, il passe sa dernière nuit à rédiger en toute hâte ce qu'il a dans la tête : des découvertes majeures qui mettront des dizaines d'années à être comprises.

Bien mieux encore, il note rapidement, et sans avoir le temps d'en faire la démonstration, des éléments mathématiques qui n'avaient strictement aucune signification à cette époque ! Leurs bases ne seront découvertes que cinquante ans plus tard ! Il ouvre des voies totalement neuves sans prendre le temps de les décrire.

N'est-ce pas l'exemple d'une compréhension fulgurante et en grande partie intuitive ?

Quelques extraits de sa dernière lettre adressée à un ami :

« Mon cher ami, j'ai fait en analyse plusieurs choses nouvelles (...) Mais je n'ai pas le temps et mes idées ne sont pas encore bien développées sur ce terrain qui est immense... Je me suis souvent hasardé dans ma vie à avancer des propositions dont je n'étais pas sûr. Mais tout ce que j'ai écrit là est depuis bientôt un an dans ma tête (...) Après cela, il se trouvera, j'espère, des gens qui trouveront leur profit à déchiffrer tout ce gâchis.

Je t'embrasse avec effusion. «

Il note d'un crayon fiévreux, dans la marge « Pas le temps, d'autres le feront ». Puis, après cette nuit blanche passée tout entière à écrire jusqu'à la dernière seconde, il se rend au duel, véritable traquenard. Ses assassins le laisseront seul et blessé. Un paysan passant par hasard l'emmène précipitamment à l'hôpital mais trop tard, il a déjà perdu trop de sang. Comme il est dur de voir l'intelligence assassinée par la brutale bêtise !

Cette pression du temps, nous la retrouvons aussi dans la dernière année de Mozart et de Schubert, tous les deux se sachant condamnés : les œuvres jaillissent en bouquet, la création est quasiment ininterrompue jusqu'à l'heure ultime.

Pour ces scientifiques et artistes, il faut produire avant la mort... « Écrire, toujours écrire, avant que la nuit vienne », notait Schumann dans ses carnets, en sentant la folie envahir son cerveau, probablement une tumeur indétectable à son époque.

Chez les personnes que nous avons interrogées, le temps se fait pressant, non parce qu'il est compté (encore qu'il le soit dans notre réalité biologique, pour nous tous) mais parce que la souffrance, le mal être, l'inconfort... deviennent intenables et qu'il faut faire quelque chose !

L'importance du temps, la pression de l'urgence, les étapes de la découverte entre le travail conscient et inconscient, les oublis apparents et le surgissement... Ce processus est valable pour tous même si la prise de conscience est, en elle-même, un phénomène hautement individuel et imprévisible.

Cependant, pour des êtres proches l'un de l'autre, il peut se produire des concordances troublantes. Ce fut le cas pour les deux auteures de cet ouvrage.

IX

La force d'une métaphore

Travaillant ensemble depuis de nombreuses années, nous avons fait l'expérience d'une prise de conscience quasi simultanée. Nous en avons tiré des enseignements tant pour nos vies personnelles que professionnelles.

1. La pierre qui tombe

Pendant des années, au démarrage d'une de nos formations, nous avons conté une métaphore d'après un texte de Carlos Castaneda[1].

La voici :

« Carlos était avec son guide indien, son maître en initiation chamanique, Don Juan. Ils cheminaient tous les deux sur un sentier de montagne quand Carlos s'arrêta pour renouer un de ses lacets qui s'était défait.

Au même moment, une pierre énorme se détacha de la paroi et tomba juste à l'endroit où il aurait dû se trouver s'il ne s'était pas arrêté pour attacher son lacet…

Don Juan vit là l'occasion d'un enseignement et il lui dit : "Tu vois, Carlos, aujourd'hui la pierre t'a épargné, mais il se pourrait bien qu'une prochaine fois, ce ne soit pas le cas et qu'elle t'écrase…" "Mais alors, que faut-il faire ?" demanda Carlos.

Don Juan répondit : "La seule chose que tu aies à faire, c'est de nouer impeccablement tes lacets, chaque jour."

1. Écrivain et anthropologue d'origine brésilienne (1931-1998), auteur de nombreux ouvrages sur le chamanisme des Indiens Yaqui. La véracité de ses rencontres est fortement controversée aujourd'hui, mais les textes restent puissants par leur message humaniste.

Sur quoi, il reprit sa marche, plongeant Carlos dans un océan de perplexité. »

Que penser de cette métaphore ?

Pour Geneviève, elle indiquait que l'impeccabilité ne veut pas dire la perfection mais plutôt la tentative, le désir de tout être humain d'accéder à son plein potentiel.

Pour Marthe, cette métaphore semblait vouloir dire que nous ne pouvions faire qu'une seule chose : suivre notre chemin. Mais si Carlos, ce jour-là, avait « impeccablement » noué ses lacets, il serait mort, écrasé sous la roche…

Et tout étrange que la métaphore puisse paraître, nous l'avons gardée, car nous y sentions un sens profond et déterminant pour nous.

Une métaphore ne tient-elle pas sa force de son mystère ?

Il y a trois ans, une épreuve importante nous est tombée dessus. Comme dans la métaphore, sur notre chemin, une roche s'est détachée de la montagne. Pour notre malheur, nous avons signé un contrat de construction de deux maisons avec un escroc… C'était lui, la roche nous écrasant. La conséquence fut des années de problèmes sans nombre, de pertes financières et de forts sentiments d'injustice et de colère.

Ce livre n'est pas le lieu pour exposer cette épreuve. Tous ceux ayant connu la ruine d'un rêve, la trahison de la confiance, l'humiliation d'être une victime et de se trouver dans l'obligation de quémander réparation, de vivre la dureté et la complexité des voies judiciaires… Ceux-là comprendront les tourments qui furent les nôtres.

Au cours d'une période particulièrement éprouvante, alors que nous échangions sur ce qui se passait dans nos cœurs et nos esprits afin de nous soutenir mutuellement, nous avons soudain réalisé que nous avions toutes les deux acquis une nouvelle compréhension de la métaphore de Castaneda.

Au cours d'une vie, une pierre peut se détacher à tout instant et tomber. Cela nous le savons. Mais ce que notre cœur et notre espérance ne veulent pas voir ou pas trop… est le fait que nous n'y pouvons rien. Il est dans la loi de la pierre d'obéir à la force de gravité et elle tombe immanquablement si sa stabilité se trouve être déséquilibrée… Nos prières, vœux, visualisations, pensées positives, protections de toutes sortes, psychologiques et matérielles, ne peuvent rien contre le fait qu'elle tombe. La pierre n'a rien contre nous, elle suit sa nature et son cycle.

En d'autres termes, notre escroc obéissait à sa « nature » : voler et dépouiller. Il était tombé sur nous comme le prédateur qu'il est, et nous passions juste à ce moment-là. Ce pouvait être n'importe qui d'autre et il a effectivement abusé près de soixante-dix familles.

En conséquence, nous pouvons à tout moment être écrasés par une roche.

Si nous nous mettons à la place de Carlos, si nous demandons à notre tour à Don Juan : « Mais que faire ? », sous-entendu « Pour éviter cela ? », il nous ferait la même réponse : « Noue impeccablement tes lacets. »

La métaphore contenait donc désormais à nos yeux deux leçons.

La première consistait à laisser derrière nous une vieille croyance enfantine : notre prétendu pouvoir, nos protections magiques, notre excès d'optimisme : « Ça ne m'arrivera pas, pas à moi. » Or, cela pouvait nous arriver à tout moment. Ce n'était en rien une punition ou une injustice, simplement un fait inhérent à la vie.

Étrangement, le fait d'accepter pleinement cette malchance aléatoire, bien loin de nous désespérer, nous a offert une sorte de liberté intérieure, nous ôtant la pensée d'avoir mal fait ou d'être particulièrement visées par le destin.

La seconde leçon de la métaphore était l'impeccabilité.

L'impeccabilité consiste à faire de son mieux, chaque fois que l'on s'engage dans quelque chose, en prenant en compte plusieurs choses très importantes : la première est que notre temps, notre force et notre intelligence sont limités et qu'enfin nous n'avons pas le pouvoir de stopper la chute d'une pierre.

Si nous avions impeccablement fait les choses le matin de la signature du contrat avec l'escroc, nous nous serions donné le temps d'un contrôle supplémentaire. Cela n'aurait pas ôté l'escroc de notre chemin, mais nous aurions peut-être pu l'éviter ou diminuer les dégâts, non pas par un procédé magique – croire que cela ne peut nous arriver –, mais par le soin et l'attention mis dans nos actes en tenant compte de la réalité.

Et si malgré l'impeccabilité, nous tombons dans le piège de l'escroquerie, il n'y a rien à se reprocher mais à prendre la leçon et à continuer courageusement sa route. Sinon, nous nous accusons, culpabilisons, nous nous flagellons lorsqu'un désastre se produit et que nous sentons que nous n'avons pas fait de notre mieux pour l'éviter.

Chaque jour, bien nouer ses lacets, c'est-à-dire bien faire ce que nous entreprenons, dans la mesure de nos forces : c'est cela l'impeccabilité. Elle est la seule réponse possible aux dangers permanents nous environnant, maladies, accidents, injustices, trahisons, guerres… L'impeccabilité nous aide à accepter l'inévitable.

Faire de son mieux à chaque fois, c'est aussi s'engager pleinement dans ce que nous faisons. Prendre réellement notre part de décision et d'engagement, sans compter sur le hasard ou les autres, ou la chance… mais d'abord sur soi, avec notre intelligence, nos sens, nos émotions. Accepter nos limites et notre impuissance. Accepter l'échec comme faisant normalement partie de toute vie.

Ce fut pour toutes les deux une immense prise de conscience, chacune à sa manière, selon son histoire.

2. La fin des protections magiques

Pour Marthe, ce fut la fin d'une sorte de hantise vaguement consciente : « Que faut-il faire pour que le danger ne m'atteigne pas et que mes proches en soient protégés ? » La métaphore donnait une nouvelle réponse :

« J'ai réalisé combien le fait de m'imaginer des protections magiques pouvait m'affaiblir. Par protections magiques, j'entends les croyances comme "ça ne peut pas m'arriver, parce que c'est moi, parce que ce n'est pas possible, et d'ailleurs j'ai toujours eu de la chance !"

En effet, si je me crois protégée, je me mets en danger de prendre des risques inutiles par trop de confiance. Si à l'inverse, je ne me crois pas protégée, je m'expose à me sentir dangereusement faible face à l'adversité. En acceptant la réalité des pierres pouvant m'écraser, je me dégage de ces deux positions. Je prends de la force en moi et en perds moins dans la peur.

Je porte mon attention sur l'impeccabilité – qu'est-ce que je suis en train de faire, pourquoi et comment ? – et non sur la crainte de ce qui peut m'arriver. Je m'occupe d'abord de mon chemin. Je perds moins d'énergie à tenter vainement de retenir la pierre sur sa pente.

Ma spiritualité en est devenue plus libre et, à ma mesure, plus profonde. Elle n'est plus un bouclier destiné à me protéger, ni une demande perpétuelle de défense et d'aide, mais une autre façon de percevoir le monde.

D'une façon générale, dans toutes mes affaires, cette prise de conscience m'a fait gagner en courage, a ôté de la culpabilité. Je suis davantage centrée sur mes actions que sur le résultat.

Je tente de bien faire mon travail d'être humain. Cela m'oblige à m'interroger sur celui-ci, à ne pas oublier ce qui me paraît être fondamental dans la vie, ce que j'ai réellement envie de vivre et de réussir avec d'autres et pour autrui. »

3. La fin de la croyance en un monde juste

Pour Geneviève :

« La prise de conscience fut absolument bouleversante, d'autant qu'elle était en synchronicité avec celle de Marthe.

La compréhension de la pierre pouvant tomber à tout moment m'a ôté complètement et définitivement la croyance "ça n'arrive qu'aux autres..." et surtout "en agissant avec droiture, il n'y a aucune raison d'être trompée...".

Ces croyances reposent sur une conviction plus fondamentale largement partagée par les êtres humains, bien décrite par les chercheurs en psychologie : la croyance en un monde juste.

En effet, nous avons beau affirmer l'injustice du monde, il n'empêche qu'au fond nous pensons et espérons le contraire : toute bonne action trouve sa récompense et si quelque chose de désagréable arrive à quelqu'un, c'est qu'il l'a cherché... au moins un petit peu. Plus ce qui arrive à la victime est grave, plus nous avons tendance à penser qu'elle y est pour quelque chose. Certes, nous nous en défendons, mais il n'empêche... Cette femme agressée dans ce parking à cette heure, qu'y faisait-elle, a-t-on idée de rentrer seule si tard ? Et cet homme licencié brutalement, travaillait-il vraiment bien ? Ces peuples ravagés par des armées de mercenaires, au fond, n'aiment-ils pas la guerre ? Les travaux de psychologie le prouvent : nous avons tendance à douter de l'innocence de la victime.

Ce doute nous évite l'idée angoissante du hasard. Confusément, nous espérons être protégés par nos bons comportements, notre destin, notre chance ou notre religion. Que les malheureux frappés par le destin aient quelque chose de différent de nous, voilà une idée rassurante. Eux oui, mais pas moi. Et en plus de nous rassurer, cette idée nous protège de trop ressentir la douleur de l'autre.

En revanche, elle nous ôte de la force lorsque nous sommes nous-mêmes victimes d'une pierre qui tombe. Car alors nous cherchons en quoi nous avons été coupables – j'ai mal fait, c'est de ma faute – au lieu de rassembler nos forces pour surmonter l'épreuve.

C'est à cause de cette croyance en un monde juste que beaucoup de victimes se taisent plutôt que d'avoir à souffrir d'entendre des reproches au récit de ce qui leur est arrivé, comme si elles étaient co-responsables de la folie de leur agresseur, ou comme si elles avaient attiré le malheur… comme dit le proverbe : “Il n'y a pas de fumée sans feu…”

Mais il se trouve que n'importe qui peut demain être victime d'un fou violent, de freins qui lâchent ou d'une bombe terroriste… Cela s'appelle le hasard qui n'est ni un dieu, ni une loi.

La pierre tombe par son propre poids, sans tenir compte du fait que je sois sur son passage ou non, et quelles que soient mes intentions et ma droiture. Alors, que puis-je faire ?

Jean-Pierre Beltoise, ancien grand coureur automobile, chez qui j'ai fait un stage de conduite, a résumé cette problématique de l'accident dans une maxime : “Dans l'invisible, l'imprévisible se prépare.” Cela veut dire que je ne peux pas voir le camion mal garé derrière le virage ou la voiture qui s'apprête à brûler le stop – ils sont invisibles à mes yeux ! Mais sachant que dans cet invisible l'imprévisible existe, je peux me méfier… donc ralentir et redoubler de prudence, parce que justement j'ai une mauvaise vision à ce moment-là. En ralentissant, je me donne une chance d'éviter l'imprévisible.

Et c'est cela l'impeccabilité enseignée par Don Juan : mettre son attention dans le moment présent de ce que l'on est en train de faire, en tenant compte du fait que l'autre suit sa propre trajectoire indépendante de nous.

L'existence d'escrocs en embuscade est prévisible. Ce qui est imprévisible, c'est de savoir quand ils vont se manifester et de quelle manière. Je n'ai plus la croyance qu'il me suffit d'être une bonne citoyenne, une professionnelle de confiance, de nourrir avec ferveur mon rêve, pour que l'autre me fasse des courbettes et jure de sa bonne volonté. Ce n'est plus de promesses dont j'ai besoin, c'est de garanties.

Et puisque de toute façon la pierre tombera un jour ou l'autre, vivons, aimons, ne laissons pas passer un jour sans exprimer notre affection, ouvrons notre cœur, faisons la fête, vibrons à la beauté et à la richesse du monde… Il n'y a pas de temps à perdre pour des bêtises, pour des petitesses… »

Nous pouvons dire que cette prise de conscience vécue en commun a contribué à faire évoluer notre position philosophique vis-à-vis de l'existence. Elle fut également un élément déclencheur dans notre désir d'enquêter et d'approfondir le phénomène de la compréhension soudaine.

Nous avions toujours été attentives à l'émergence du « tilt » chez les participants à nos sessions de formation. Mais, c'est à partir de ce moment que, nous avons commencé à recueillir des récits circonstanciés.

X

C'EST BON DE COMPRENDRE

Des dizaines de personnes nous ont confié le récit de leurs prises de conscience. Juxtaposés, ces témoignages offrent un tableau varié et passionnant. Nous en avons choisi quatre, particulièrement significatifs.

1. Témoignages choisis

« Tout ce que je reprochais à mon mari… »

Malika, 34 ans, assistante de direction.

Cet ébranlement intérieur m'est tombé dessus en suivant l'atelier du Changement[1] avec Geneviève et Marthe.

Je suis un peu gênée d'en parler, parce que j'imagine que vous avez eu des témoignages bien plus étonnants ou intéressants que le mien.

Je m'étais inscrite à cet atelier dans une perspective professionnelle : on me proposait un changement dans mon entreprise et j'avais peur de quitter un service que je connaissais bien et depuis longtemps.

Vous insistez sur le fait qu'il n'y a pas un idéal d'homme ou de femme à atteindre. Pour moi, qui suis une grande anxieuse, c'est très important d'être rassurée. Cela explique mon audace à m'inscrire à l'atelier.

J'étais donc tout à fait tranquille et très concentrée pendant ces deux jours. Je ne pourrais pas vous dire exactement comment cela s'est passé, mais j'ai soudainement réalisé que presque tout ce qui n'allait pas dans ma vie, je le mettais sur

1. « L'éveil au changement, étapes, cycles et mutation », atelier de deux jours sur le processus de tout changement professionnel, social ou personnel.

le dos de mon mari. Ce que je lui reprochais, en réalité, m'appartenait.

Cela a sonné si fort en moi, que je n'arrivai plus à suivre l'atelier. Je ne pouvais plus écouter. J'étais bouleversée. J'ai vu comme j'avais été injuste ! Et surtout, c'était à moi de m'occuper de cela, de mes affaires. Pour m'en sortir, il fallait me bouger et me mettre un coup de pied dans les fesses !

Par exemple, j'ai vu combien j'étais dure et injuste et cela simplement parce que j'étais fatiguée et angoissée. Je lui ai souvent reproché, par exemple, d'aller se distraire avec ses copains en sortant du travail. Mais il ne faisait rien de mal ! Ce n'était même pas d'aller prendre de l'alcool, il ne boit pas. Il restait à discuter, à échanger sur le foot par exemple. Mais je ne sais pas ce que ça me faisait, ça m'horripilait, je trouvais qu'il perdait son temps… Qu'est-ce que je lui ai fait comme scènes ! Et là, il fallait bien que je constate les choses : je l'enviais, j'étais un peu jalouse parce que moi je ne m'autorisais pas ça. Je disais que je ne pouvais pas, que je n'avais pas le temps mais, en fait, je ne me suis jamais organisée pour avoir ce temps libre avec mes copines ou avec mes sœurs. Et il a bien fallu que je me demande pourquoi je ne me permettais pas ce plaisir ?

Cela peut paraître un peu bébête comme prise de conscience, mais n'empêche, c'était énorme pour moi. Ma vie de couple en a été franchement améliorée. Je le laisse beaucoup plus tranquille maintenant et on s'entend mieux. Ce n'est pas seulement avec ma famille, mais à mon travail aussi ! Par exemple, avant j'avais tendance à toujours demander l'avis des uns et des autres, sans être jamais contente des réponses. Je me suis dit : « Ce sont tes affaires, et tant pis si tu te trompes, c'est ta décision et c'est le principal ».

Cela m'arrive d'entendre des amies ou des collègues accuser leurs compagnons ou mettre sur le dos des autres les choses dont elles souffrent. J'aimerais leur dire que ce n'est pas le bon chemin. Mais je sais qu'il vaut mieux parfois se taire. Tant qu'on n'est pas prêt à vraiment entendre, cela ne sert pas à grand-chose. J'ai bien vu pour moi. Comme cela me fait quand même très mal au cœur, j'ai une phrase (entendue à l'atelier) que je glisse de temps en temps : « Est-ce que tu peux faire quelque chose pour toi-même, pour améliorer les choses ? » On ne sait jamais ce qu'une phrase peut déclencher… Moi, j'ai bien réagi à un moment où je ne m'y attendais pas du tout !

« Les êtres humains sont fabriqués pour aller mieux… »

Linda, 38 ans, juriste.

« Les êtres humains sont fabriqués pour aller mieux » : c'est une phrase entendue à la radio. Il me semble que c'est la paléontologue Anne Dambricourt qui a exprimé cela, en parlant de l'évolution de la vie. Ce ne sont peut-être pas exactement ses mots, mais ce sont ceux que j'ai entendus et ils m'ont fait sursauter.

Cela m'a énormément troublée.

J'avais souvent entendu dire que l'Homme possédait la capacité à évoluer, à devenir plus fort, plus intelligent ou plus habile, mais je crois n'avoir jamais entendu cette idée si simple, la capacité « d'aller mieux » tout simplement. « Aller mieux » non comme un droit, un devoir ou une aspiration, mais comme une composante interne, une force intérieure.

J'en ai parlé autour de moi, mais personne ne semblait accorder de l'importance à cet aspect. Je l'ai inscrite sur mon agenda, sur mon ordinateur. Même sur la page d'accueil de mon portable, j'ai écrit les mots « aller mieux ».

J'y ai beaucoup pensé et puis je l'ai oubliée. Une autre source de réflexion était arrivée dans mon cheminement : je m'étais rendu compte de ma difficulté à me réjouir des bonnes choses de la vie. Mon premier réflexe était de voir le verre à moitié vide !

Quelques semaines plus tard, en rentrant de mes courses avec mes sacs, dans la rue, il m'est soudain revenu en mémoire une phrase rituelle de mon père. Il me disait souvent « Crois que ça ira mieux et gobe les mouches ! » Cela voulait dire qu'on était idiot de penser que ça pouvait aller mieux, c'était des rêveries, bonnes pour les imbéciles qui restent la bouche ouverte.

J'ai très longtemps considéré mon père comme un homme de grand talent, avec une brillante réussite professionnelle de haut fonctionnaire. Un homme carré avec les pieds sur terre.

Voilà que dix ans après sa mort, je réalisais combien ce que j'avais pris pour du sérieux était en réalité de la tristesse et du désabusement. Comme j'avais dû en souffrir petite fille, sans jamais oser me l'avouer ! Je me suis souvenue de son ironie mordante lorsque je m'enthousiasmais pour quelque chose ou quelqu'un.

Maintenant, en repensant à cette phrase qu'il a dû me répéter des centaines de fois, et à la lumière de ma propre expérience, je vois en lui un homme désillusionné.

Fille unique, j'étais plutôt sage et même très sage. J'étais souvent dans mes rêves, je lisais beaucoup. Ça devait agacer son côté sombre et pessimiste.

« Crois que ça ira mieux et gobe les mouches ! » La phrase entendue à la radio venait contredire violemment ce désespoir. « Les êtres humains sont fabriqués pour aller mieux » : nous possédons une capacité, une qualité, un don, une volonté propre inhérente à notre corps et à notre esprit pour aller mieux, et nous avons donc la possibilité de le faire !

Toute cette réflexion m'a menée à me pencher sur le sens donné à ma vie. Moi aussi j'étais cadre supérieur, pas aussi brillante que mon père. Je ne riais pas souvent alors qu'en réalité j'aime rire. Je me suis souvenue d'une réflexion faite par un de mes collaborateurs. J'hésitais à me rendre à une soirée organisée pour le départ à la retraite d'un collègue, il m'avait alors dit quelque chose comme : « Oh toi, on le sait, ça ne t'emballe pas d'aller faire la fête... ». J'avais protesté, choquée, blessée qu'on puisse voir en moi un bonnet de nuit. Aujourd'hui, en ayant retrouvé la phrase de mon père et son pessimisme, je réalisais combien je m'étais habituée à donner une image froide et réservée ! J'avais confondu sérieux et tristesse, sens des responsabilités et morosité. C'est vrai, je ne devais guère donner l'impression d'aimer m'amuser ! Je ne montrais pas d'enthousiasme pour participer aux petites sorties organisées et on m'invitait par pur formalisme, sans insister. D'où cette solitude tenace...

C'était une prise de conscience très forte, « sonnante » ai-je envie de dire, comme si j'avais entendu sonner un coup de gong ! Elle m'a permis de franchir une étape décisive.

Désormais, à chaque fois que je me sens encore fragile, prête à me laisser envahir par le défaitisme, je me dis : « J'ai le droit et le pouvoir d'aller mieux, comme tous les êtres humains ».

Et j'ajoute à l'intérieur de moi : « Papa, je ne suis pas une imbécile qui gobe les mouches, je suis une femme de cœur et d'espérance. »

« On n'est pas fait comme ça une fois pour toutes ! »

Baptiste, 29 ans, commercial.

Moi, je n'avais jamais lu un livre. Je ne lis pas, je n'en achète jamais.

J'ai appris à me débrouiller tout seul dans la vie. Ma mère m'a laissé chez mon père, j'avais 7 ans et je ne l'ai quasiment jamais revue. Mon père a fait ce qu'il a pu, mais c'était le défilé des nanas à la maison. Il y avait celles qui s'occupaient à peu près de moi et celles qui ne remarquaient même pas mon existence. À l'adolescence, j'ai fait pas mal de conneries qui auraient pu très mal finir. J'ai touché aux drogues dures et à l'alcool. Je traînais dans des squats. J'ai même participé à un braquage… Raté, heureusement ! Les drogues, je m'en suis sorti tout seul. Un jour, en voyant tous ceux qui m'entouraient, il y a eu le déclic ; je me suis dit : « Mon vieux, tu vas crever avec eux ! » Je voulais bien faire des conneries mais pas mourir ! Et surtout pas mourir comme ça, comme une loque qu'on va foutre aux ordures parce qu'un drogué en train de crever, ça n'inspire aucun respect, aucune compassion, c'est trop moche.

C'est à cette époque que je me suis mis à travailler dans l'entreprise de mon père tout en ayant une activité de commercial. Je faisais partie des bons dans ce domaine, je m'en suis vite rendu compte et j'ai vraiment pris confiance en moi. J'ai aussi rencontré ma compagne, mais, bon, tout ça c'était assez chaotique !

Il y a deux ans, je pars en vacances près de Marseille chez des amis. Avant mon départ, ma petite amie me donne le livre *L'Intimité*[1]. Je l'ai mis dans la valise pour lui faire plaisir mais je n'avais pas du tout l'intention de le lire. À peine arrivé, je me casse la figure de tout mon long dans un escalier et je me blesse sur une cheville déjà en très mauvais état ! Je me retrouve dans la chambre d'amis de mes potes, cloué au lit avec une jambe immobilisée ! Pour la première fois de ma vie, je suis contraint à rester sans bouger !

La télé, j'en ai eu plus qu'assez, très vite ! Les amis, on n'avait plus rien à se dire et ils étaient partis toute la journée. Alors… je me suis mis à lire le bouquin offert. Et ça m'a beaucoup plu. Je l'ai lu d'une traite, en quelques jours. Il y avait beaucoup de choses qui me touchaient personnel-

1. Aux éditions Jean-Claude Lattès, 2004.

lement, par rapport à l'enfant intérieur blessé par exemple. Je sentais des ressemblances avec mon histoire.

Le soir, je prenais le téléphone et je restais pendant des heures avec ma copine, pour discuter des choses autour de ce livre. À tel point qu'elle m'a dit de prendre contact avec les auteures, mais je n'osais pas, alors c'est elle qui l'a fait. En fait, elle m'a inscrit à un stage !

C'était bien pour moi, ça m'intéressait de fouiller dans mon histoire, mais ce qui m'a le plus emballé, c'est lorsque j'ai compris qu'il était possible de changer ! Il faut dire que les gens m'apparaissaient comme ci ou comme ça. Par exemple, ma grand-mère me disait : « Untel est gentil ou méchant ou paresseux » et voilà, c'était pour toujours ! Je ne les voyais pas changer et moi pareil, j'étais un garçon comme ça : gentil mais tête brûlée… et voilà que je comprenais qu'on n'était pas figé pour la vie !

Je n'avais jamais réalisé qu'il était vraiment possible de changer, pas seulement dans ses comportements mais dans sa façon d'être, ne plus éprouver de la colère contre mes parents ou encore ne plus chercher à faire mon intéressant en faisant n'importe quoi ! Il y avait une raison à tout ça, un sens à construire. Je pouvais transformer ce qui ne me convenait pas ! On n'est pas fabriqué comme on est, une fois pour toutes ! C'était vraiment une énorme découverte, de croire en la possibilité de toujours s'améliorer et d'être plus heureux !

J'ai fait ce travail avec enthousiasme ! Le mieux, c'est que, d'une certaine façon, j'y ai entraîné mon père ! Lui n'a pas fait le stage ni lu le bouquin, mais je l'ai tellement bassiné à lui demander : « Mais pourquoi tu fais ça, pourquoi tu te fais mal comme ça ? » que lui aussi a changé des choses dans sa manière de voir ! Par exemple, il ne se sent plus obligé de faire le gros dur avec moi, au contraire… Il ne m'embête plus sur mes choix de vie, il me fait confiance. On se parle davantage. On a même reparlé de maman et du passé… je veux dire gentiment, sans s'énerver et avec honnêteté.

À présent, chaque fois que je vois des gens se bousiller la vie en se prenant la tête pour des tas de choses, je sais qu'ils peuvent changer s'ils le veulent, s'ils le désirent. On n'a pas un mode d'emploi pour toujours. J'évite de mettre des étiquettes. Dans le Sud-Ouest, d'où je suis, on les colle facilement, et ça, je crois que c'est un grand tort qui fait beaucoup de mal, parce que dans les têtes, on se figure qu'on est comme ça pour toujours et on ne cherche plus à s'améliorer.

Maintenant, si je me surprends à déconner, je me regarde dans la glace en me disant : alors qu'est-ce qu'il y a à bouger là-dedans ? Ça fait rigoler ma copine, mais pour moi c'est sérieux, surtout que je suis papa maintenant !

« La souffrance de mes enfants »

Véronique, 55 ans, psychothérapeute.

C'est en rangeant les jouets de mes enfants que j'ai vraiment pris conscience de ce que le divorce a pu représenter pour eux. Moi, je pouvais encore aller dans la demeure familiale de mes parents et y retrouver mes propres cahiers et les joujoux de mon enfance. Eux non. Il avait fallu se débarrasser de tant de choses au moment du déménagement ! Soudain, j'ai compris, mieux, j'ai senti dans toutes les fibres de mon être. J'étais à leur place, j'assistais au naufrage de mon foyer, à la dispersion des objets familiers : les albums photos, les bibelots, les petites choses de la vie quotidienne triées, jetées. Il ne restait rien de tous ces signaux familiers qui les avaient accompagnés depuis leur naissance.

J'ai été saisie d'une peine inouïe, j'avais la poitrine serrée. J'étais replongée des années auparavant et je voyais ces petits bouts de choux dans la tourmente. Ils quittaient d'un coup la maison et l'école. Ils ne verraient plus leurs parents ensemble, ils allaient vers une vie complètement inconnue. J'ai senti du fond de mon cœur le désarroi et la peine qu'ils ne pouvaient exprimer. Bien sûr, nous avions tout fait avec mon ex-mari pour les préserver, mais nous ne pouvions empêcher leur souffrance.

Alors, je me suis sentie terriblement coupable. Cela m'a fait très peur. Cet océan de culpabilité qui m'envahissait, à la fois me terrorisait et en même temps, je sentais l'impérieuse nécessité de le vivre sans me masquer la réalité. Je me suis mise à pleurer. J'ai accepté de ressentir toute cette peine dont j'étais en partie la cause, quelles que soient mes bonnes raisons. Je veux bien me faire comprendre : je ne regrettais pas mon divorce qui était inéluctable, mais j'acceptais de sentir le chagrin de mes enfants. J'acceptais d'avoir été à l'origine de ce chagrin : cela ne se discutait pas.

Quelque temps plus tard, à l'occasion d'une rencontre, parce qu'ils sont de jeunes adultes maintenant, je leur ai dit que je comprenais combien le divorce avait dû être douloureux pour eux. Je voyais clairement comment, avec la meilleure volonté du monde, les parents blessent leurs enfants. Je ne me suis pas excusée, j'ai juste dit que c'était très difficile pour les enfants. Pour les miens. Pour eux. J'avais vraiment le cœur déchiré en disant cela.

Ils ont d'abord nié, dit que cela n'avait pas été si difficile que cela, puis ils ont fini par l'admettre. Ils se sont mis à raconter ce qui s'était passé pour eux, des souvenirs vraiment durs qu'ils n'avaient jamais avoués. Nous avons eu ensemble d'intenses moments d'émotion. Cela a été un grand soulagement d'avoir pu ainsi nous parler, pour eux comme pour moi. De toute évidence, ces instants de partage et de reconnaissance de la souffrance subie nous ont réunis et ont considérablement apaisé notre relation.

Il m'arrive encore régulièrement d'avoir le cœur serré au souvenir de ces années noires pour mes enfants. Je n'ai vraiment pas été la mère que j'avais rêvé d'être. Le reconnaître m'a aidée à ouvrir mon cœur, à faire davantage attention aux conséquences de mes actions, à être attentive aux blessures qu'on peut infliger à autrui sans y prendre garde.

Je conserve de tout ceci une compréhension profonde de ce qu'est la culpabilité vraiment vécue. Je comprends mieux que des êtres coupables de crimes ou de faits odieux n'osent s'y confronter. Il faut un grand courage pour reconnaître ses erreurs avec toutes leurs conséquences humaines ; ce qui peut amener à oser ce courage, c'est l'amour. L'amour pour mes enfants m'a donné la force de sentir ma culpabilité et l'assumer, d'oser prendre pleinement conscience des conséquences de mes actions.

Au fond de nous, au plus profond de notre être, nous savons parfaitement ce qu'il en est. Nous connaissons notre vérité. Nous avons alors le choix : tout faire pour étouffer cette voix intérieure en trichant et en nous mentant avec le malaise en conséquence ou en tirer courageusement un enseignement, cesser de nous raconter des histoires et réparer ce qui peut l'être.

Cette attitude contribue à faire de nous des hommes et des femmes debout.

XI

Des humains en lutte pour la justice

On peut vivre en étant mécontent ou révolté mais sans agir, persuadé que toute révolte est inutile ou dérisoire. Jusqu'au jour où se produit un déclic qui lance soudain la personne dans l'action.

1. L'HOMME À LA PANCARTE

Cela pourra peut-être paraître étrange de parler de prise de conscience soudaine dans le domaine de l'engagement politique ou social. Au premier abord, il semblerait en effet que ce type d'engagement soit d'abord basé sur le raisonnement et l'argumentation. Mais en réalité, les émotions sont aussi intenses dans le domaine politique que partout ailleurs.

La chaîne Arte diffuse en mai 2006 une thématique concernant la guerre en Irak. On y voit des familles américaines ayant perdu là-bas un de leurs enfants. Des citoyens en colère, des hommes et des femmes qui pour certains d'entre eux n'ont jamais milité, descendent dans la rue et agissent malgré les menaces et les incompréhensions.

Nous y faisons la connaissance d'un homme dont le fils a été tué là-bas. Chaque jour, il prend avec lui deux pancartes. Sur l'une est écrite son opposition à cette guerre qualifiée d'injuste et d'inutile. Sur l'autre, il demande aux automobilistes de klaxonner s'ils sont d'accord. Muni de ces deux pancartes, absolument seul, il se plante à l'angle d'un grand carrefour, et cela chaque jour !

Quand il a appris la mort de son fils, quand il a lu que le gouvernement américain avait menti sur les raisons de cette guerre, que des firmes s'enrichissaient considérablement grâce à ce conflit, les mensonges des médias et des télévisions en particulier, le chiffre inconnu du nombre de civils irakiens tués… cet homme s'est levé pour combattre. Mais comment ? Il ne s'est pas posé la question. Là où il était, avec ses pauvres moyens, il y est allé.

Ce ne fut pas chose facile : pendant des semaines et des mois, avec ses pancartes, chaque jour, il s'est fait insulter, traiter de lâche, de communiste, de traître à la patrie. On lui a fait des bras d'honneur, on lui a craché dessus, lancé des canettes vides, fait mine de l'écraser… Inlassablement, par n'importe quel temps, il est venu à ce carrefour avec ses pancartes. Peu à peu, des coups de klaxon ont retenti, d'abord timidement…

« Un jour, ce fut un véritable concert pendant des heures ! C'était le plus beau jour de ma vie. » Quand il prononce cette phrase, on sent son intense émotion.

Encore et toujours, il retourne avec ses pancartes à ce carrefour et il le fera tant que la guerre américaine durera, tant que là-bas des jeunes Américains, pour la plupart pauvres, se feront tuer et tueront d'autres innocents au profit de la bourse et du pétrole.

Nous ne savons pas si cet homme a eu une prise de conscience soudaine et puissante. Mais nous savons qu'il en a suscité.

Écoutons David

J'ai été complètement remué par cet homme si simple, si tranquille, meurtri dans son cœur de père ; un homme plein d'une colère incroyablement juste et tout de suite exprimée dans une action immédiate. Celle-ci peut paraître dérisoire et pourtant ! Combien de gens a-t-il réveillés avec ses deux pancartes ? Combien de discussions a-t-il suscitées dans des foyers ou au travail entre collègues ? Le voici maintenant dans un documentaire et d'autres personnes comme moi sont touchées un peu partout dans le monde, se sentent concernées, se disent qu'elles aussi peuvent mener une action même avec leurs petits moyens !

Quand je l'ai vu dans ce film, j'ai été saisi de frissons. Cet homme n'a pas attendu le mot d'ordre d'une organisation, ne s'est pas contenté de suivre une manifestation : il s'est engagé, lui tout seul, et son action a des conséquences en cascades.

Face à lui, j'ai réalisé et compris comment je me paralyse moi-même en ayant tellement envie de protester contre ce qui me révolte tout en pensant que ça ne sert à rien !

Bien sûr, j'ai mes engagements, je lutte comme je peux, je participe à des manifestations, je vote, je signe des pétitions. Mais l'exemple de cet homme ordinaire est la preuve qu'on peut toujours faire quelque chose de plus. Et, surtout, que le peu que nous pouvons faire n'est jamais un geste inutile.

S'il y a un homme qui proteste, d'autres ouvrent les yeux. Il peut y en avoir dix, vingt, puis cent… Nous pouvons être des millions à prendre conscience de notre force individuelle.

En outre, il se trouve que, juste avant de visionner ce documentaire, j'avais vu au cinéma le film de Nanni Moretti *Le Caïman* que j'avais adoré.

Je n'ai jamais vu un scénario aussi bien fait. C'est un film politique mais aussi d'amour, et sociologique et une comédie ! Tout cela ensemble, c'est vraiment extraordinaire. On y voit la très grande difficulté de lutter contre quelqu'un comme Silvio Berlusconi qui possède le pouvoir politique, l'argent, les médias et même le foot. Qui se sert de toutes les lâchetés, petitesses, bêtises… pour asseoir son pouvoir. Combat impossible, perdu d'avance ? Moretti fait dire à un de ses personnages : « C'est nous qui l'avons élu, nous sommes donc capables de le faire tomber, nous sommes plus forts que lui. »

Voilà tout ce que je réalise pendant cette prise de conscience : notre vraie puissance, à chacun d'entre nous, et qui est bien plus importante que nous ne l'imaginons.

Or, tous les pouvoirs, politiques, économiques, publicitaires, médiatiques, ont intérêt à nous faire penser le contraire : nous sommes faibles, impuissants et se révolter seul ne sert à rien ! Et nous finissons, chacun, par le croire… si bien que, un par un, nous nous démobilisons ou nous nous lassons d'attendre un mouvement de masse qui ne vient pas.

Je désespérais. Je nous voyais tous comme une foule passive qu'on mène aux abattoirs. Mais ce soir-là dans mon canapé, en regardant cet homme et ses deux petites pancartes, j'ai compris une grande leçon. Ce que je peux faire, même seul, je dois le faire !

Par exemple : protester à ma banque lorsque la présence humaine est remplacée par des automates dont les personnes âgées ou les handicapés ne pourront pas se servir, protester lorsqu'une administration demande x papiers inutiles… ou rend des décisions injustes… À chaque fois refuser le fait établi, la soi-disant évolution inévitable.

Dix, cent, mille protestations individuelles et tout peut changer !

2. Le cri du poisson

La nature et les conséquences de notre action irréfléchie sur elle constituent également un grand sujet de prises de conscience et de découvertes intérieures.

Écoutons Pierre

J'ai été un grand amateur de pêche. J'adorais cela. Je parle de la pêche tranquille au bord d'un lac, d'un canal ou d'une rivière. Je partais le matin très tôt. Je m'installais : les cannes, les hameçons, les appâts vivants, mon siège, mon sandwich, mon litre d'eau et mon thermos de café… j'étais heureux. Le panier à poisson était préparé. J'amorçais la pêche en jetant dans l'eau quelques déchets. Le temps passait, tranquille. Je regardais mon bouchon, et, qu'il s'enfonce ou pas, j'étais heureux. Première prise : bonheur ! tenir le poisson tout ruisselant et qui se débat, décrocher de sa gueule l'hameçon, le jeter dans le panier : voilà un plat pour ce soir ! J'ai fait cela pendant des années avec un grand bonheur.

Mais voilà ce qui m'est arrivé. J'ai pêché un gardon, d'une belle taille. J'étais tout content. J'ai commencé à lui retirer l'hameçon qui était bien planté dans les chairs. Il se débattait. Je ne voulais pas faire comme certains pêcheurs qui arrachent tout. Il y a juste un coup à prendre pour dégager l'hameçon sans trop abîmer le poisson. Mais ça a duré un peu. Je sentais que le poisson se débattait moins. Et là, cela va vous paraître complètement fou : j'ai entendu un cri.

J'étais complètement remué. Je me disais que cela n'était pas possible. Mais au lieu de le mettre dans mon panier, j'ai rejeté le poisson dans l'eau.

Tout à coup, la pêche ne m'est plus apparue si sympathique. J'ai plié bagage et suis rentré chez moi. Quand on m'a demandé : « Tu ne vas plus à la pêche ? », j'ai essayé de dire : « Non, parce que j'ai entendu un jour le cri d'un poisson ». Cela a fait rire tout le monde : les poissons n'ont pas de voix, n'est-ce pas ? Mais je m'en fiche de ce qu'on peut penser. On peut me dire ce qu'on veut, j'ai senti la souffrance de l'animal, mais aussi sa protestation, sa révolte contre moi.

Je suis un homme âgé qui a fait la guerre. En 1940, j'ai combattu en première ligne, les armes à la main, jusqu'au dernier jour avant l'armistice. J'étais jeune et je voulais défendre ma patrie. J'ai tiré sur d'autres hommes. Je ne sais pas si j'en ai tué. Je me suis toujours posé la question. Je n'avais pas le choix. Je ne regrette pas. C'étaient eux qui attaquaient, eux qui voulaient nous faire obéir comme des chiens. Je suis fier d'avoir combattu, de ne pas m'être laissé faire prisonnier, de leur avoir filé entre les doigts pour rejoindre Paris.

Alors, avec ce poisson, qu'est-ce qui s'est passé ? Je crois que j'ai entendu la vie. Peut-être, comme la fin de la guerre en moi.

3. Se sentir en égalité avec l'animal

Pouvons-nous dans certains états exceptionnels de conscience entendre la nature, comme jamais ? C'est bien possible. Pierre a entendu le cri d'un poisson. Des éleveurs, des hommes et des femmes de terrain, apportent de multiples témoignages sur le langage des bêtes, leur intelligence, leur compréhension, leur sensibilité, que ce soit nos animaux domestiques mais aussi d'élevage : vaches, cochons, chevaux...

En général, ces personnes ne sont pas entendues. Elles craignent même de témoigner, ayant peur de passer pour « bêtes », justement. Bien sûr, il faut les croire sur parole, car ce n'est pas dans le stress d'un laboratoire ou d'une expérience qu'on peut saisir le langage des animaux alors éperdus de peur !

Souvent, la prise de conscience de la sensibilité intelligente de l'animal est un moment très fort.

Jean est éleveur de cochon. Il a connu les grandes batteries de l'élevage industriel : les bêtes immobilisées, énormes, bourrées de médicaments, aux os qui se brisent, dont on arrache à vif les canines et dont on coupe la queue, parce qu'elles s'entretuent. Il en a été totalement écœuré. Il en a gardé un sentiment amer de la cruauté humaine, de l'inconscience des souffrances inutilement infligées dans un unique objectif de rentabilité[1].

---

1. Les coûts réels de l'agriculture et de l'élevage intensifs sont systématiquement sous-estimés. Voir le rapport de l'OCDE.

Ses cochons à lui ne manifestent pas d'agressivité sauf lorsque les truies ont leurs petits. Jean a des rapports amicaux avec ses animaux, les regarde échanger des grognements, des cris dont il décode la signification : le mâle qui se fait entendre, les vieilles truies qui rassurent les plus jeunes lors des mises à bas, les signaux pour la nourriture ou une approche inconnue...

Quand il doit en mener à l'abattoir, c'est toujours difficile pour lui. Mais c'est le métier...

Un jour, une truie qui venait de mettre bas est tombée très malade.

« La pauvre, elle souffrait ! Je venais toutes les deux heures lui donner ses médicaments, lui parler, l'encourager. Je l'ai tenue comme ça pendant trois jours, j'espérais qu'elle se relèverait. Mais la maladie a empiré. Elle souffrait de plus en plus. Alors je me suis résigné. J'ai appelé les services vétérinaires pour qu'on vienne la chercher pour l'abattage.

Lorsque le camion est arrivé, elle ne pouvait plus marcher. On a dû la traîner et la pousser. J'ai pris les opérations en main, je ne voulais pas qu'on lui fasse du mal inutilement. À la fin, quand je l'ai poussée dans le camion, juste au moment de monter, elle s'est arrêtée et m'a regardé. J'ai été complètement saisi. Elle me regardait vraiment, dans les yeux, comme si elle me disait qu'elle comprenait sa mort prochaine, elle me remerciait pour mes efforts mais vraiment elle ne pouvait plus lutter. C'était un regard incroyable, un "merci" plus puissant que bien des reconnaissances humaines. J'ai eu une boule dans la gorge.

Je suis revenu bouleversé chez moi. J'ai dit "Elle m'a dit merci". Je vois bien ceux qui peuvent entendre et comprendre cela, d'autres éleveurs comme moi, qui souffrent de voir comment les animaux sont traités. Et des gens aussi qui instinctivement savent que les bêtes ont une intelligence à elles, aussi grande que la nôtre même si elle est différente. Et puis les autres, qui me regardent comme un fou, parce qu'ils n'ont jamais ouvert leurs yeux ni leurs oreilles et que, peut-être, ça leur ferait très peur de comprendre la sensibilité des animaux, avec tout ce qu'ils leur font subir… »

Reconnaître les êtres vivants comme égaux mais différents de nous est une véritable révolution de l'esprit ! Pas étonnant que ce soit un grand sujet de prises de conscience. Il en découle une tout autre vision de l'homme, de sa place dans la nature, de sa relation avec celle-ci, donc de son développement. Tous les domaines de l'activité humaine sont concernés : nourriture, commerce, industrie. Et bien sûr, par rapport à notre propre espèce : notre vision est plus humble, moins guerrière et plus proche de nos frères vivants.

Gérard était un vigneron classique : entre les pesticides et les engrais, sa vigne recevait des dizaines de traitements chaque année.

« Ce n'était jamais assez, il y avait toujours une nouvelle maladie, un insecte ou une faiblesse de la plante au mauvais temps. Il fallait toujours acheter un nouveau produit encore plus fort, plus performant. C'était sans fin. On faisait un vin de plus en plus médiocre. Je me souvenais de la vigne de mon enfance et plus rien n'était pareil. Un jour, en regardant mes coteaux, j'ai senti que les vignes se mouraient. Pas seulement elles, mais la terre aussi… Elle devenait inerte, sans vitalité, sans énergie. J'étais écœuré, j'étais prêt à tout vendre et changer de métier. Mais savoir la terre en souffrance et l'abandonner ainsi, elle qui nous avait tant donné… était-ce cet héritage que j'allais laisser derrière moi ? J'étais révolté. J'ai décidé de tout remettre à plat. J'ai pris des renseignements et suis allé rencontrer d'autres viticulteurs dans toute la France. En fin de compte, j'ai décidé de me lancer dans la biodynamie[1].

---

1. Méthode initiée par Rudolf Steiner en 1924, développée par la suite. Elle considère l'ensemble des organismes comme un seul et vaste système, utilise l'homéopathie et vise à protéger l'environnement.

Ça ne s'est pas fait tout seul ! Il a fallu tout arrêter, reprendre à zéro, laisser le sol souffler, respirer, se régénérer pendant plusieurs années. Les voisins me regardaient avec des yeux ronds et me prenaient pour un cinglé. J'en ai essuyé des moqueries...

Aujourd'hui, je suis fier de faire visiter mes vignes ! La terre est de nouveau fertile, bien remplie de tous les micro-organismes qui en font la richesse. Je vends très bien et on vient me voir pour comprendre le regain de vitalité de mes vignes. J'ai la sensation maintenant de bien comprendre ce dont a besoin la plante et je m'adapte du mieux possible. Je n'applique pas une méthode aveuglément. Depuis ce jour où j'ai senti "mourir" la terre, je crois que j'ai développé une sensibilité particulière. J'ai racheté d'autres vignobles déclarés "perdus" parce que le vin était devenu exécrable et je suis vraiment très fier de les avoir fait revivre, eux aussi... »

Autre exemple : Annie est une citadine « pur jus ». En voyant dans un reportage des millions d'hectares de terres cultivables se dégrader de manière irréversible, chaque année, au nord comme au sud, par la faute de mauvaises pratiques comme le labour profond et le désherbage intensif[1], Annie a fondu en larmes, stupéfaite de sa propre réaction. « Je ne sais pas ce qui s'est passé en moi. J'ai senti, d'un coup, la souffrance infligée à la terre. J'ai pleuré aussi devant tant d'inconscience de la part des hommes. Nous avons reçu une si belle planète ! Un équilibre si mer-

1. Selon la FAO (Organisation des Nations-unies pour l'alimentation et l'agriculture), 40% des terres agricoles sont directement menacées par de mauvaises pratiques : désertification, érosion, destruction des micro-organismes... Ces pratiques sont non seulement catastrophiques mais leur abandon permettrait de réaliser de fortes économies en terme de produits chimiques, outillage, gestion de l'environnement.

veilleux, comment ne pas voir que nous devrions le respecter infiniment ? »

La prise de conscience écologique est bien davantage qu'une décision de vote ; elle entraîne un positionnement de vie très différent, plus sensible et plus coopératif.

Si la prise de conscience peut permettre d'importantes évolutions dans notre façon de penser, de travailler, de vivre en accord non seulement les uns avec les autres mais aussi avec la nature, il est de première importance de favoriser le plus possible son apparition.

XII

Pour favoriser la prise de conscience

La prise de conscience n'arrive pas par hasard, comme un accident inattendu. Il est même possible d'avancer, avec prudence, quelques hypothèses sur ce qui peut favoriser sa venue.

1. L'INTELLIGENCE DE L'ACTION

Dans le processus de la prise de conscience, notre observation montre combien la phase de lâcher prise est importante pour pouvoir laisser l'inconscient travailler.

Pourtant, ne plus rabâcher nos soucis n'est pas facile. Nous connaissons très bien nos problèmes, trop bien même. Nous pouvons en devenir les meilleurs spécialistes. Ce qui nous préoccupe nous revient constamment, jusqu'à empêcher le repos. Ne pouvant ni les résoudre ni les oublier, nous nous enfermons et finissons rapidement par voir tout en noir. Surtout, y revenir sans cesse empêche la créativité de la prise de conscience.

Il est donc nécessaire de s'extraire de la situation difficile, s'en éloigner ne serait-ce que quelques heures afin de pouvoir la regarder d'un œil neuf. Tout ce qui peut nous amener à nous détourner de nos fixations et de nos modes habituels de fonctionnement est donc bienvenu.

Le mieux est de pouvoir dormir car des études prouvent que le sommeil favorise l'intuition et la créativité. Mais voici d'autres exemples de stratégie de diversion :

Favoriser d'autres aspects de notre personnalité

Dans la riche palette des langages possibles, nous en favorisons naturellement certains et en laissons d'autres en friche, lesquels peuvent se révéler plus qu'intéressants pour trouver d'autres angles de réflexion.

Ainsi, si nous avons plutôt l'habitude de nous perdre en conjectures intellectuelles : réfléchir, analyser, mentaliser, échafauder des théories... nous avons tout intérêt à développer l'expression de nos émotions. Au lieu de se demander : « Qu'est-ce que je comprends ? » on se pose plutôt la question suivante : « Qu'est-ce que je ressens ? » en faisant de son mieux pour être vraiment dans le domaine du ressenti physique et psychique : « Qu'est-ce qui se passe dans mon ventre, dans mon cœur, dans mon estomac ? Quelle est cette sensation que j'éprouve ? Ai-je envie de pleurer ou de crier ? »

Les recherches en psychologie et neurosciences montrent l'interaction permanente entre les processus de compréhension et les émotions. Le cerveau est tout autant le siège des émotions que celui de la raison. Notre « intelligence émotionnelle » (ou quotient émotionnel) est aussi importante pour nos accomplissements et réussites que notre « intelligence cognitive » (ou quotient intellectuel). Solliciter l'intelligence émotionnelle peut contribuer à revivifier la pensée rationnelle.

André est un homme rationnel, dont on dit qu'il a « les pieds sur terre ». Il est appelé à prendre de nombreuses et importantes décisions dans son domaine professionnel. En suivant une formation sur la prise de décision et en s'intéressant aux recherches en psychologie, il s'est rendu compte qu'il ne se servait ni de son intuition, ni de ses émotions et se privait ainsi d'une part importante de créativité.

« Toute mon éducation depuis ma plus tendre enfance m'a appris à ne pas exprimer mes émotions. Dès que l'une d'entre elles apparaît, j'ai le réflexe de la bloquer. Même en me rendant compte que cela ne m'aide pas à vivre, mais au contraire m'handicape, c'est plus fort que moi. J'ai la sensation d'un mouvement musculaire automatique qui empêche la manifestation du chagrin, de la colère et même du rire. Alors, j'ai trouvé un truc.

Je vais régulièrement au sauna dans ma salle de sport. J'ai remarqué que lorsque j'étais totalement détendu et seul, des émotions remontaient. Dans le silence, la pénombre, la chaleur, j'ai comme envie de pleurer ou de crier... Comme si les freins musculaires lâchaient. Ayant remarqué cela, j'y suis très attentif maintenant. Ce contact même bref et superficiel avec mes émotions me renseigne sur mon état psychique interne. Je détecte beaucoup mieux mes états de lassitude, d'inquiétude ou de colère. Je réapprends tout doucement le langage émotionnel.

Cela m'a permis, par exemple, de réaliser à quel point un aspect de l'organisation de mon entreprise m'était devenu insupportable. Cela a été très clair et très net. Par le seul mental, je parvenais toujours à me raisonner et à me donner des contre-arguments. En contactant mon émotion, j'ai vu ma vérité et j'ai agi. J'ai osé prendre des décisions capitales et je m'en réjouis aujourd'hui. »

À l'inverse, les personnes émotives ont tout intérêt à aller du côté de l'analyse et de la réflexion. Elles peuvent par exemple tenter de dresser des tableaux logiques de leur problème ou de l'illustrer avec des figures géométriques pour s'obliger à sortir du vocabulaire des sensations « Je le sens, je pressens, j'ai le sentiment de... », afin de favoriser celui du raisonnement : « Je pose ce fait, il existe cette probabilité, j'en déduis... Dans ce cas, je peux... » Il est possible de s'aider à pratiquer l'analyse d'une situation en s'entraînant avec des jeux de logique.

Julie nous a raconté sa surprise en découvrant un autre mode de résolution des problèmes.

« Je suis ce qu'on appelle une instinctive. Je suis mes impulsions. Devant une difficulté, j'essaie de sentir ce qu'il faut faire, sans trop prendre la peine de rationaliser. Mais un jour en cours, à la fac, un professeur nous a appris à poser des problèmes, vous savez le genre : Ariane habite la maison bleue, George a un chat, Marie a une sœur nommée Jeanne, Johanne a un frère nommé Louis, mais Jeanne est la cousine de Marc, donc Marie est la cousine de qui ?

Ça, c'est simple. Mais quand il a fallu trouver qui était voisin de qui, avec une dizaine de personnages et en n'ayant qu'un seul indice par personne, je me suis arraché les cheveux ! Tâche impossible ! Je n'arrivais même pas à comprendre l'énoncé ! Seulement le prof était un bon pédagogue. Il nous a appris à dresser des tableaux permettant de trier logiquement l'ensemble des informations et les faire se croiser, jusqu'à remettre tout en ordre et trouver les solutions. J'ai littéralement découvert un autre monde : oui, il était possible de résoudre ces incroyables énigmes en installant correctement les informations. Du coup, j'ai vraiment évolué dans ma façon de prendre des décisions… Désormais, je prends le temps de poser logiquement les choses. »

Comme il n'est pas facile de changer son mode habituel de fonctionnement, c'est une bonne idée de se faire aider par une personne qui, justement, possède l'aspect qui nous manque.

Pour amener la phase d'incubation

Rappelons ici quelques évidences trop vite oubliées lorsque nous sommes pris dans la tourmente.

Par exemple, l'activité manuelle est fortement conseillée pour favoriser le lâcher prise du mental.

C'était une recommandation habituelle de Gandhi et elle est toujours aussi pertinente. Gandhi était un homme chargé de lourdes responsabilités politiques, sollicité de toutes parts, poursuivi par de nombreux problèmes, ayant à prendre des décisions complexes et lourdes de conséquences. Pourtant, il n'a quasiment jamais manqué de s'astreindre, chaque jour, à un travail manuel, souvent en se mettant au rouet.

Il expliquait cette discipline quotidienne par plusieurs raisons ; d'abord pour se rappeler à lui-même qu'il n'était rien de plus qu'un simple mortel ayant le devoir de contribuer au travail commun. Ensuite, par le fait que le travail manuel favorise une forme de méditation, l'esprit étant contraint à se concentrer sur autre chose que soi et son fonctionnement.

Plus le travail à accomplir est à la fois précis et répétitif, plus la méditation en est favorisée. L'attention aux mains est suffisamment soutenue pour que l'esprit ne divague pas, mais en même temps la tâche est suffisamment répétitive pour lui laisser une marge de liberté. C'est le cas pour les travaux de couture, de tricot, la cuisine, le ménage, le jardinage, la pratique sportive…

Pour les mêmes raisons que le travail manuel, la pratique artistique est un bon moyen pour « s'aérer la tête ».

Un autre moyen pour laisser en repos le problème, pour que l'inconscient puisse s'en saisir, est de nous mettre au service d'autrui. Outre l'action bénéfique réalisée, le service à autrui nous aide à relativiser nos problèmes personnels. Une saine confrontation avec la réalité remet parfois les difficultés à une plus juste proportion, sans les minimiser.

Il faut cependant émettre une mise en garde. Il arrive parfois que des personnes voulant s'engager dans l'action altruiste choisissent d'emblée le plus difficile : l'aide aux sans-abris, aux plus démunis, aux mourants… Mais en mettant la barre si haut, elles se mettent en situation d'échec, agissent avec une maladresse pouvant être dramatique et, en définitive, chassent un problème pour en trouver un autre.

Il y a bien d'autres façons de participer à une action altruiste : œuvrer dans une association culturelle ou sportive, participer à une fête d'école ou de quartier, à l'aide aux devoirs, à l'accueil de nouveaux arrivants là où on habite, rendre service à un voisin… C'est un excellent moyen pour élargir le champ de ses relations et s'ouvrir à d'autres façons d'appréhender la vie.

Le temps passé à se préoccuper du bien-être de la collectivité détourne de la fixation sur un problème. Nous nous donnons une chance pour qu'il ne nous apparaisse plus tout à fait de la même façon.

S'interroger sur la structure de sa pensée

Il peut sembler surprenant de tenter de saisir notre processus interne de pensée : tout nous semble tellement évident, et au fond, tellement incontrôlable ! Pourtant, la chose est possible.

Un autre petit « jeu » pour s'en convaincre.

Il s'agit, à n'importe quel moment de la journée, de s'arrêter quelques instants, de cesser ses activités pour se poser la question suivante : « Quelles sont les pensées que je viens d'avoir ? »

Elles sont si fugaces qu'elles paraissent s'évanouir sitôt créées. Pourtant, avec un peu de pratique et d'attention, vous allez pouvoir vous remémorer certaines d'entre elles.

Vous allez vite vous rendre compte qu'un flot ininterrompu traverse votre esprit. Vous y trouverez des pensées pratiques « Il faut que je fasse ceci ou cela... », des projections dans l'avenir « Tout à l'heure, demain, je ferai... », des retours sur le passé « Ça me rappelle... ». Vous allez également trouver des pensées pleines d'émotions comme la peur (de la maladie, d'un accident, de l'agression...), la colère « Je ne peux pas supporter ce genre de gens... », le jugement « Il est trop gros, elle est mal habillée... », l'autodénigrement « Qu'est-ce que je suis bête... », l'anxiété « Pourvu que... ».

Vous allez remarquer que certaines formes de pensées sont dominantes, comme des pensées de comparaison ou de colère ou de plainte... C'est très instructif. Par exemple, vous pouvez vous apercevoir que vous ne savourez jamais le moment présent mais que, tout de suite, une inquiétude pointe son nez.

Que faire de ce constat ? Décider d'évoluer. Cela peut se faire de deux façons.

Premièrement, en allant voir au-delà du moment présent, ce qui motive une telle habitude de pensée : « Qu'est-ce qui me pousse à penser comme cela ? » Est-ce un discours entendu lorsque vous étiez enfant ? Ce questionnement peut devenir la base d'une prise de conscience importante.

Mais aussi en commençant un travail de discipline mentale.

Ces mots paraissent presque anachroniques au temps de la recherche du plus facile. La discipline mentale est tout simplement la prise de conscience d'un comportement intégré, réflexe, pourrait-on dire, et la décision d'en changer.

Pour reprendre notre exemple de l'incapacité à savourer le moment présent, la discipline mentale va consister à s'obliger à prendre ce moment de plaisir, même si une tonne de travail attend ! Au début, cela sera très difficile parce qu'allant à l'encontre de commandements intégrés. Mais toute discipline finit toujours par porter ses fruits.

Un grand violoniste a dit qu'en vieillissant il jouait moins vite, non par une diminution de la virtuosité mais parce que jouer lentement était plus difficile. La vitesse gomme les imperfections qu'un temps plus mesuré révèle crûment. C'est un peu le même phénomène pour nos pensées. Nous les laissons courir à toute vitesse, cela nous évite d'en voir les imperfections répétitives.

Grâce à un peu d'attention et de discipline mentale, nous apprenons à rectifier les processus automatiques qui nous enlèvent de la force et du bonheur de vivre. Au lieu de laisser notre pensée aller à tort et à travers comme « mille singes sautant de branche en branche » selon l'image véhiculée par les textes de l'Inde traditionnelle, nous nous arrêtons de temps en temps pour observer ce qui vient de se passer. Ce faisant, nous permettons le surgissement de la prise de conscience.

2. Voir les choses autrement

On parle beaucoup du cerveau droit et du cerveau gauche. Pour faire court, ce dernier serait la partie logique du cerveau et le droit la partie créative. Il convient de modérer ce propos, le cerveau ne se laisse pas classifier de façon aussi simple.

Les chercheurs ont prouvé que, dans un très grand nombre de cas, les fonctions attribuées à l'un ou l'autre des deux hémisphères les concernaient tous les deux. L'imagerie médicale montre incontestablement que le cerveau est un système hautement intégré et qu'il est très rare qu'un seul hémisphère travaille de façon isolée[1].

Ce que nous proposons n'a donc rien à voir avec un « rééquilibrage » du cerveau, terme qui a peu de sens.

Comprenons bien qu'il s'agit de « voir les choses autrement ». Comment répondre avec créativité à la vie en la regardant toujours avec les mêmes lunettes ?

---

1. « Comprendre le cerveau, vers une nouvelle science de l'apprentissage », OCDE, 2002.

Peut-être connaissez-vous le petit jeu suivant. Il consiste à joindre ces 9 points avec 4 traits mais sans lever le crayon. Vous essayez ? (Sans lire la solution qui suit !)

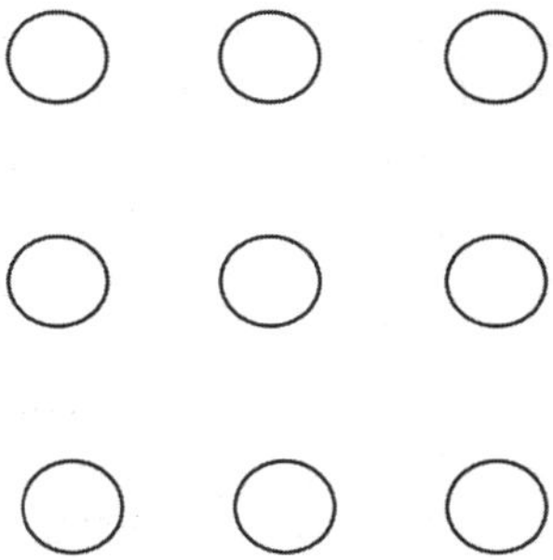

Observez maintenant cette figure :

Qu'y voyez-vous ? Deux triangles entrelacés ?

Pourtant ces triangles ne sont pas dessinés. En réalité, ils n'existent pas. On peut tout simplement constater la présence de 3 éléments disposés comme trois piliers par exemple, séparés par 3 paravents ; ou 3 bonshommes stylisés se parlant par 3 fenêtres !

Ce qui est énervant, c'est que même en essayant de voir des éléments comme étant séparés, notre cerveau nous informe toujours de la présence de deux triangles entrelacés !

Mieux encore, l'un d'eux nous paraît plus blanc que l'autre : le triangle qui se trouve sur les ronds noirs paraît plus clair.

Nous voilà doublement trompés !

Revenons à notre jeu de relier les 9 points par quatre lignes sans lever le crayon. Y êtes-vous parvenu ?

Voici la solution. Pour obtenir le résultat, il est nécessaire de sortir de la figure, non pas une, mais deux fois :

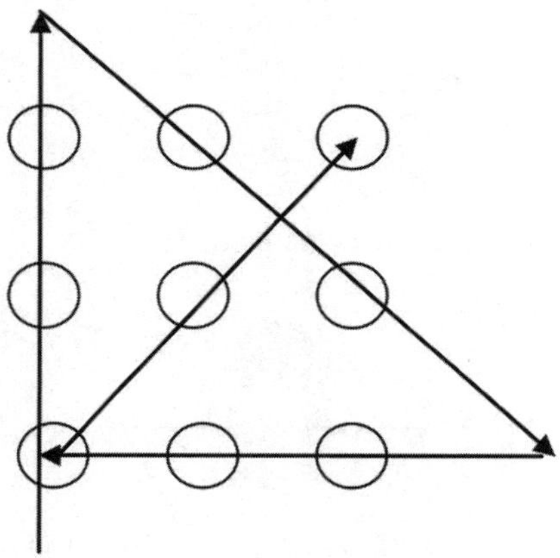

Vous êtes-vous permis de sortir du cadre ?

Ce geste n'a rien d'évident.

À cause de notre façon de percevoir les choses nous entourant. Quand nous jetons un œil sur ces 9 points, nous avons immédiatement tendance à y voir une figure géométrique fermée et non des points séparés. Nous nous enfermons dans cette représentation.

La leçon à tirer de ces deux exemples est notre tendance à voir les choses globalement en leur assignant une forme, avec le risque de perdre de vue la singularité de chaque élément. C'est ce que nous faisons à chaque fois que, face à un problème, nous le percevons dans son ensemble sans parvenir à en distinguer les différents composants. Du coup, il nous dépasse et nous ne savons plus par quel bout le prendre. Nous nous sommes enfermés dans une image créée. Et nous donnons puissance à cette image.

Autre conséquence de notre propension naturelle à relier des éléments séparés : nous mettons en relation des événements n'ayant pas de liens les uns avec les autres. Par exemple, dans une entreprise, trois personnes tombent malades dans la même période. Certains diront : « C'est la loi des séries. » Mais quelle est donc cette étrange loi, marquée nulle part ? Penser cela nous ramène à la croyance en une fatalité impossible à détourner, donc à une réalité sur laquelle nous n'avons aucun pouvoir. Le « jamais deux sans trois » relève de la même croyance.

Si ma voiture tombe en panne, qu'un voleur me prenne mon portefeuille et que je me torde la cheville, je peux imaginer que ces trois événements désagréables surviennent parce que mon signe astrologique souffre d'un trouble planétaire. Alors, je subis... En attendant une évolution plus favorable. Ou je peux considérer différemment ces événements. Voilà trois mois que la voiture aurait dû être révisée ; comme cela m'a énervé, j'ai posé mon sac sans surveillance et tout ce retard m'a fait courir, d'où ma cheville abîmée. Je peux en tirer des leçons : être moins négligent dans la gestion de mes affaires, être attentif à mes actes et apprendre à me reposer !

En cessant de relier des événements pour y voir une seule interprétation, j'ai davantage d'emprise sur mon destin. Je ne me laisse pas enfermer dans une solution toute faite qui ne m'offre aucune liberté d'action. Voir une forme globale là où il n'y en a pas, c'est se construire une prison.

À l'inverse, s'absorber dans un seul détail risque de nous faire oublier la figure complexe et intégrale dans laquelle ce détail prend tout son sens.

L'idéal serait de pouvoir passer d'une vision à l'autre : voir la globalité mais ensuite distinguer les éléments un par un. Voir le même objet de plusieurs façons différentes et distinctes. Comme cette image :

Nous pouvons y voir soit une vieille femme pensive, soit une jeune femme portant chapeau… D'une même réalité, plusieurs interprétations sont possibles. Plus nous savons lire des interprétations différentes, mieux nous savons répondre à la complexité de la vie.

Dans nos formations, lorsque nous donnons la solution du problème des 9 points, des personnes s'exclament : « Mais je ne savais pas qu'il était permis de sortir du cadre, vous ne l'avez pas dit ! » Effectivement, cela n'a pas été dit, cependant l'interdiction n'a pas été formulée non plus. La consigne était « joindre ces 9 points sans lever le crayon ». Elle ne disait pas « ne sortez pas de la figure ».

Voilà encore une difficulté : évaluer les données en notre possession sans y ajouter, ni retrancher des informations. Lorsque nous travaillons avec des personnes pour décrypter leurs croyances limitantes, il n'est pas rare de se rendre compte qu'elles se donnent des interdits n'existant pas en réalité.

Par exemple, elles n'osent formuler des demandes parce qu'elles sont d'avance convaincues d'une réponse négative. Elles en sont tellement persuadées, c'est comme si elles l'avaient déjà entendue !

Oser s'extraire du cadre habituel de référence, se saisir véritablement de la réalité et non par le seul filtre de nos représentations, voilà ce que sont la souplesse et la flexibilité d'adaptation.

3. Pour inventer, il faut penser à côté

Une des bonnes nouvelles venues des neurosciences est la mise en lumière de la plasticité de notre cerveau. Celui-ci peut se renouveler et montrer une grande souplesse et capacité d'adaptation.

On a découvert deux régions du cerveau capables de produire de nouveaux neurones, dont l'hippocampe impliqué dans le processus de la mémoire[1]. Et nous ne sommes qu'au début de cette découverte.

Par ailleurs, la plasticité du cerveau s'accroît avec l'activité. Plus un circuit neuronal est sollicité, mieux il répond, meilleure est l'activation des différentes sortes de mémoire.

Nos efforts pour nous exprimer, échanger, apprendre, nous amuser, sont donc récompensés. Nous pouvons en conséquence espérer des prises de conscience aussi souvent que nécessaire jusqu'à un âge très avancé !

Si notre cerveau n'est en rien figé, il n'y a aucune raison pour que nous le soyons dans nos raisonnements. La capacité d'adaptation aux différents aléas de la vie est une qualité maîtresse pour de meilleures relations et une vie plus agréable. C'est grâce à cette souplesse d'adaptation à l'environnement

---

1. « Comment apprend-on ? », *Journal du CNRS*, n° 174-175, juillet août 2004.

que l'espèce humaine a pu survivre aux changements climatiques et à tous les bouleversements de l'histoire. La rigidité c'est la mort, à l'image de celle du cadavre.

Savoir « voir autrement », c'est vivre plus large. C'est réaliser et dépasser les limites de notre vision habituelle. Jacques Hadamard, le mathématicien, disait : « Pour inventer, il faut penser à côté ». Se tenir hors du cadre pourrait-on encore dire.

La plupart du temps, nous portons toujours le même regard sur les êtres et les choses, mais en plus il se trouve que nous ne les voyons pas vraiment ! La preuve en est que nous sommes souvent dans l'incapacité de les décrire ! Nous regardons à travers l'écran de nos pensées, sensations, croyances, craintes…

Nous avons déjà parlé de l'expérience de la tache aveugle. Nous ne savons pas qu'une partie de notre vision est « reconstituée » par le cerveau.

Regardez le schéma suivant.

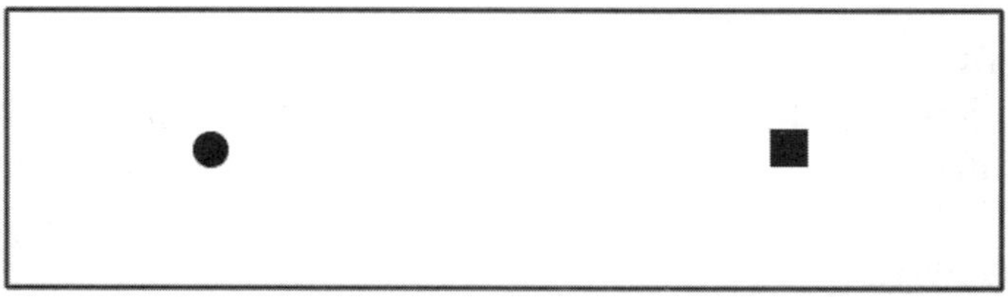

Placez-vous en face de la feuille, fermez l'œil droit et fixez le carré. Approchez-vous à environ 30 centimètres. À un certain moment, vous ne verrez plus le rond noir. Si vous le voyez encore, éloignez-vous ou rapprochez-vous jusqu'à ce qu'il disparaisse. De même, vous pouvez regarder le cercle noir en fermant l'œil gauche. À une certaine distance, le carré disparaîtra.

Qu'en déduire ? Que nous avons tous une tache aveugle où une partie de l'image du monde extérieur est absente. C'est vrai pour la vision mais aussi pour notre perception générale du monde.

La réalité des choses n'est jamais un bloc d'évidence, et encore moins celle des humains. « Regarder à côté » c'est se donner une chance de multiplier nos façons de voir, de quitter les « allant de soi ».

Krishnamurti[1] était un philosophe indien. Il a beaucoup écrit sur la prise de conscience, l'*insight*. Pour lui, cela consiste à voir les choses telles qu'elles sont, en toute liberté, dans leur simple vérité, sans le filtre du jugement ou des valeurs. Il a beaucoup insisté sur le fait que personne ne peut nous apprendre la vérité des choses. C'est à chacun d'ouvrir les yeux, d'observer et de la sentir dans « le miroir de la relation ». Certes, nos croyances sont rassurantes mais elles peuvent aussi devenir de très lourds fardeaux. Nous fabriquons sans cesse des images. Celles-ci étouffent notre vision et enserrent notre intelligence dans un cadre étroit.

Il s'agit, comme dit encore Krishnamurti, « d'ouvrir la porte de la maison et de s'avancer sur le seuil… ». Essayez de regarder une fleur sans entrer tout de suite dans un flot de pensée : ce que c'est, comment elle se nomme, sa couleur, à quoi elle fait penser… C'est difficile. Essayez pourtant de la voir dans sa réalité nue, la contempler dans sa vérité intérieure. La fleur cesse de *signifier* pour *être*. Seulement être. Sans aucune interprétation ni commentaire. L'expérience vaut la peine d'être réalisée. Le peu qu'on y parvienne, nous pressentons une autre façon d'aborder la réalité.

Cela peut paraître étrange, mais c'est probablement la clé de l'illumination au sens bouddhique ou zen du terme.

---

1. 1895-1986. Il a publié de très nombreux ouvrages visant tous à encourager la connaissance de soi librement, hors de tout endoctrinement.

Un disciple demanda un jour à son Maître : « Quelle est l'essence du zen ? », « As-tu pris ton petit déjeuner ? » lui répliqua celui-ci. « Oui », répondit le disciple. Et le Maître de répondre : « Dans ce cas, va laver ton assiette. »

Quand le mental est perdu, l'intellect déboussolé, l'émotion ne sait qu'en penser… Alors, dans ce chamboulement, une autre vérité peut émerger, une autre façon de voir le monde. Nos certitudes vacillent, nous sommes « désinstallés ».

Le plasticien américain James Turrel exprime magnifiquement cela : il nous pousse à travers ses œuvres à « contempler la lumière ». Il a rapporté comment il a rencontré un jour son ami indien, couché sur le dos à même le sol caillouteux, en plein désert de l'Arizona. « Que fais-tu ? » lui a-t-il demandé, très surpris. « Je regarde la lumière », lui a répondu l'ami indien, en ajoutant : « C'est très important pour le corps et pour l'esprit ». Turrel raconte comment il a essayé à son tour, et combien cela était décourageant. Il voyait le ciel, les montagnes, mais pas la lumière en elle-même. Et puis, peu à peu, il a acquis un regard, une sensibilité, qui lui ont fait « voir » la lumière.

Faites l'expérience de regarder la lumière. Vous serez probablement tenté de répondre que la chose est impossible. La lumière nous sert à voir les objets nous entourant mais elle ne peut être perçue en elle-même. Et pourtant… Essayez ! Installez-vous confortablement, levez les yeux, ouvrez-les, tâchez de cesser d'apercevoir les nuages ou le paysage, concentrez-vous sur « voir la lumière ».

Même les choses les plus quotidiennes peuvent être perçues différemment.

Prendre conscience revient à percevoir les choses et les êtres nous entourant et notre propre personne sous un angle différent parce que, à cet instant, nous avons osé nous dégager de nos œillères habituelles.

Nous nous donnons le droit de vivre autrement.

XIII

La conscience est du côté de la vie

Au bout de ce voyage au pays de la prise de conscience, une leçon importante nous a été donnée. De même que notre cerveau possède une plasticité d'adaptation, notre conscience est capable d'une grande souplesse pour mieux appréhender le sens de ce qui nous arrive.

La modestie et le courage

Ce livre est un hymne à la prise de conscience. Bien sûr, nous ne sommes pas naïves : il n'est pas possible et certainement pas souhaitable de devenir conscients de tout. Notre entendement est forcément limité. Ce qui nous empêche d'avancer ne peut être clairement distingué. Nous ne savons pas pourquoi il nous est parfois si difficile d'aimer et d'être aimés. Mais les témoignages de ce livre confirment que nous possédons la compétence de transformer notre vision du monde, de changer nos représentations, de bousculer nos modes de fonctionnement. La prise de conscience ouvre alors vers davantage d'épanouissement.

Cependant, la remise en question des habitudes de pensée, parfois la rupture avec des us et coutumes familiaux ou culturels, ne sont pas toujours des affaires faciles. Il est même parfois nécessaire d'entreprendre un travail sur soi pour aller fouiller dans le creuset de nos émotions et mettre en lumière des conceptions erronées. Or, tout changement est une prise de risque. Que va-t-il se passer si nous devenons différents de ce que nous paraissons être aujourd'hui ? Quels équilibres vont en être perturbés ? Comment vont réagir les êtres qui nous entourent ? N'allons-nous pas perdre des amitiés ? Mettre en péril des affections ?

Même des changements apparemment mineurs peuvent être vécus comme potentiellement déstabilisants. Quand

Malika a pris conscience de son attitude trop autoritaire vis-à-vis de son mari et décidé d'y mettre fin, elle a senti de façon aiguë sa peur du jugement. Elle a été contrainte d'affronter les critiques de son entourage ne comprenant pas sa nouvelle conduite. Il lui a fallu s'expliquer et tenir bon, non seulement face aux jugements des autres mais surtout et principalement face à ses propres peurs intérieures, lesquelles étaient bien plus redoutables !

Lorsque Baptiste a refusé d'entrer dans les discussions courantes de son milieu, pleines de jugements et de critiques parce qu'il ne supportait plus ceux-ci, il a perdu plus de la moitié de ses copains.

Lorsque Linda s'est pour la première fois de sa vie affirmée en public face à ses supérieurs hiérarchiques et à certains de ses collègues, elle a cessé de paraître « sympathique » pour devenir la « prétentieuse ».

Pourtant leurs motivations étaient d'aller vers plus d'authenticité pour créer de meilleures relations et mettre en action ce qu'ils avaient profondément compris.

Mais il y a souvent un passage difficile à traverser. Il n'est pas évident d'accepter la fin d'une étape, d'une façon de vivre ou de penser. Le changement peut être perçu comme une trahison.

Seulement voilà : on ne choisit pas sa prise de conscience, c'est plutôt elle qui nous prend, elle qui nous tombe dessus avec la force et la simplicité de l'évidence. Elle surgit là où on l'attend le moins comme si une instance de notre conscience profitait d'une occasion pour jaillir. Comme si une vérité intérieure nous tirait par la manche : « Oh là, toi, tu ne veux pas m'entendre ? Eh bien je m'impose à toi ! » À l'image de ces enfants qui se mettent les bras écartés en travers du chemin pour être sûrs d'être vus et entendus. Sauf que cette fois, l'enfant est une partie de nous : « Regarde-moi, je suis toi. »

Certes, il est possible de faire la sourde oreille. « Il n'est pire sourd que celui qui ne veut entendre », dit le proverbe. Le mieux-être résultant du changement n'étant pas immédiatement perceptible, certains peuvent en venir à craindre toute évolution de comportement, d'opinion ou de conduite de vie. Ils se réfugient dans l'immobilisme. Mais il y a une grande souffrance à s'obliger de ne pas bouger. En effet, il faut dépenser beaucoup d'énergie pour se barricader et s'empêcher d'avancer, se contraindre à ne pas grandir, se fermer à la compréhension, se mutiler de sa floraison. Au contraire, mettre ses actions en accord avec son élan intérieur est source d'apaisement. Au final, changer se révèle moins difficile que de rester bloqué sur ses positions.

La prise de conscience est élan de vie. Sa beauté se révèle avec le temps. On se sent mieux et au final, on gagne réellement en qualité relationnelle. C'est un acte d'intelligence, celle de la vie cherchant sans cesse à se frayer un chemin parmi les embûches et les pièges.

Peut-être l'évolution a-t-elle inventé la prise de conscience pour ne pas trop laisser dormir l'humanité. Car ce sommeil-là est lourd de routines, de mutismes, de mutilations de rêves, d'engourdissements, avec au final un sentiment d'impuissance : « On n'y peut rien, c'est comme ça et ce sera toujours comme ça. » Sentiment qui peut vite dégénérer en tristesse profonde, en indifférence ou pis, en violence vis-à-vis de soi et d'autrui.

Ne vous est-il jamais arrivé de sentir une peine profonde en voyant autour de vous des enfants rudoyés par leurs parents, des hommes s'adresser durement à d'autres, des femmes usées avant l'âge, des visages tristes et marqués, résignés à un destin trop lourd ?

Comment amener plus de douceur et de compréhension, plus de patience et de tolérance, plus d'amicalité et de souplesse dans les rapports humains ? En espérant des prises de conscience toujours plus nombreuses et profondes pour ouvrir les esprits, les rendre à la fois plus tolérants et moins prêts à accepter ou faire subir l'inacceptable, faire reculer la peur et la violence.

Tout naturellement, nous avons envie pour nous-mêmes de plus de tendresse, de respect, de dignité. Cela peut paraître égocentrique au regard des innombrables drames qui se déroulent chaque jour sur cette planète. Mais en devenant plus faciles à vivre parce que plus en accord avec soi, nous devenons aussi de meilleures compagnes, de meilleurs compagnons, de meilleurs parents, de meilleurs voisins, de meilleurs collaborateurs, de meilleurs citoyens... Nous avons la conviction que tout cela mis bout à bout accroît la civilité dans ce qu'elle a d'excellent, à l'opposé de la barbarie. Une seule personne un tant soit peu pacifiée avec elle-même, son passé, ses douleurs, ses désillusions, en apaise des dizaines d'autres par ricochet. Cela ressemble au levain dont on fait le pain. Un seul petit morceau suffit pour faire lever la pâte de toute une fournée et créer un nouveau levain pour d'autres pains.

Parvenir à ces objectifs ne tient pas de l'illusion mais d'une succession de prises de conscience suffisamment puissantes pour nous éveiller, nous ébranler et questionner nos façons de vivre, de penser, de travailler, de nous comporter. Nous osons affronter la question : « Et si je changeais cela en moi ou dans ma vie au profit non seulement de mon propre bien-être mais aussi de celui des autres ? » Car nous le savons : pour changer l'humanité, il convient de commencer par soi. Que peut valoir l'action sociale, politique ou spirituelle d'un homme ou d'une femme qui règne par la brutalité et l'égoïsme sur son proche entourage ? Ce que nous nous faisons à nous-mêmes, ce que nous faisons subir à nos proches : là commence la paix ou la guerre dans le monde.

La modestie est sœur de la vraie humilité, celle qui se marie si bien avec l'humanisme et l'humour ! Les petits pas de la prise de conscience amènent un accroissement du mieux-être pour tout un ensemble de personnes.

Nous en sommes les spectatrices lors de nos travaux. Par exemple, lors de certaines médiations. Au fur et à mesure que se déroulent les séances, nous assistons à la fin de guerres, à l'apaisement des douleurs. Peu à peu les protagonistes sont appelés à prendre conscience de certains aspects de leur conflit : leur propre part de responsabilité, leurs aveuglements respectifs, leurs injustices vis-à-vis de l'autre, les dégâts émotionnels du conflit… À partir de ces *insights*, ils révisent leurs comportements. C'est par ce chemin, parfois compliqué et tortueux, qu'ils parviennent à exprimer des paroles de réparation et à pouvoir en entendre.

Nous voyons des couples engagés dans une lutte féroce, accepter de se regarder en simples humains, l'un et l'autre tout aussi tourmentés et souffrants. Ils réalisent enfin que ce combat ne les mène nulle part qu'à davantage de déchirements et principalement pour les enfants pris en otages.

Nous assistons à des réconciliations de fratries, d'enfants adultes avec leurs parents âgés. Bien sûr, le passé ne sera pas travesti, ni les actes commis oubliés. On ne va pas aller d'un seul coup vers le grand amour ! Mais les tensions se relâchent. Un dialogue même timide se met en place. Cela suffit pour ne pas rester scotchés sur le passé. Pour mettre son énergie à ce qui en vaut la peine. Au-delà du conflit présent, c'est parfois toute une façon de vivre qui est ainsi transformée positivement par ce qui est alors découvert et mis en pratique.

Dans le domaine professionnel aussi, les petites prises de conscience sont celles qui font les grandes rivières des changements de société.

Il est possible, quelle que soit notre place dans la hiérarchie, de faire primer l'esprit de la loi plutôt que la lettre afin de donner la priorité à l'humain. Une ancienne proviseur d'un grand lycée parisien nous a raconté comment elle allait elle-même, à la rentrée, plaider la cause de son personnel non titulaire auprès du rectorat. « Ils avaient besoin de manger et de faire vivre une famille. Je ne pouvais l'oublier. J'ai trop vu pendant la guerre des hommes et des femmes se précipiter pour courber l'échine devant la moindre loi sous prétexte qu'on n'y pouvait rien ! Cela m'a servi de leçon pour toute ma vie. »

Au moment de conclure ce livre, nous avons reçu un courrier de Johanna, cette jeune femme dont nous avons narré « l'amour fusion » dans le chapitre sur la pensée obsessionnelle. Avec son autorisation, voici sa lettre :

« Chères Marthe et Geneviève,

Depuis votre passage et notre long échange, beaucoup de choses du passé me sont revenues, pas toujours agréables. Cela m'a remuée. J'ai réfléchi assez longuement. Je me suis demandée : que se serait-il passé si je n'avais pas eu cette prise de conscience au sujet de la codépendance dont je souffrais ?

Je crois que j'aurais fini par me sortir de cette histoire d'amour mais j'en aurais gardé un sentiment amer, du désabusement et peut-être même du cynisme. J'aurais à nouveau connu la joie et le plaisir de vivre, c'est certain, mais je suis presque sûre qu'un voile de tristesse aurait persisté. Il y aurait eu une blessure pour toujours. Je n'aurais certainement pas pardonné à mon ex. Je serais restée avec une impression d'échec et, probablement, de la colère. J'aurais fait comme beaucoup, je l'aurais exprimée sur d'autres et d'une manière injuste. Je l'aurais sûrement fait payer d'une façon ou d'une autre à mes futurs partenaires.

Il est certain que je n'aurais pas pu créer la belle relation que je vis maintenant, pleine de tendresse et d'intimité. En y réfléchissant, la prise de conscience de ce qui se passait au fond de moi m'a forcée à aller au cœur des choses et m'a aidée à dépasser les blessures de l'amour-propre. Au lieu de seulement vivre la fin douloureuse d'une histoire, j'ai reçu une grande leçon de vie. Je me suis interrogée : qu'est-ce que j'attends de l'autre ? Qu'est-ce que j'imagine qu'il attend de moi ? Même si cela a été difficile, je suis heureuse du chemin accompli. Si je reste toujours avec un fond d'angoisse, je ne connais plus les déchirements qui me mettaient par terre. Je suis devenue plus tranquille, capable d'aimer de façon plus authentique et il me semble avoir fait des progrès importants en compréhension et générosité. »

Avec Johanna, c'est la grande leçon que nous ont offerte Ludivine, Michel, Katia, Oscar, Elvire, Karim, Véronique… Et tous ceux que nous avons rencontrés pour écrire ce livre, ces hommes et femmes, certains proches, d'autres absolument inconnus, qui nous ont confié avec émotion et profondeur le récit de ce jour où ils ont compris un aspect essentiel de leur existence et décidé de changer.

Ils nous ont donné l'espoir d'oser croire que, partout dans le monde, malgré les peines, les malheurs et les violences, il y aura toujours des êtres pour choisir le chemin de l'ouverture du cœur. Plutôt que de rester dans l'accusation ou les regrets, ils osent regarder ce qui peut être transformé en eux. Et que cela est non seulement souhaitable mais possible grâce à cette faculté que nous possédons tous : la prise de conscience.

Pour contacter les auteures et prendre connaissance
de leurs activités
www.aegalite.fr

Table des matières

II.
Entendre n'est pas comprendre

III.
La phrase révélatrice

IV.
Le choc et la décision

V.
S'extraire de l'étouffement

VI.
Des « petites » prises de conscience

VII.
La nécessité de désapprendre

VIII.
Les trois étapes de la prise de conscience

IX.
La force d'une métaphore

X.
C'est bon de comprendre

XI.
Des humains en lutte pour la justice

XII.
Pour favoriser la prise de conscience

XIII.
La conscience est du côté de la vie

EN POCHE AUX ÉDITIONS MARABOUT

Psychologie

150 tests d'intelligence, J. E. Klausnitzer, n° 3529
À quoi rêvent les femmes… et ce qu'en pensent les hommes, F. Ploton, n° 3692
Amour, famille et trahison, N. Prieur, n° 3736
Amour sans condition (L'), L. L. Hay, n° 3662
Analyse transactionnelle (L'), R. de Lassus, n° 3516
Apprivoiser le deuil, M. Ireland, n° 3677
Art de la simplicité (L'), D. Loreau, n° 3720
Art des listes (L'), D. Loreau, n° 3748
Au secours ! Je vis avec un(e) narcissique, Carter et J. Sokol, n° 3721
Be happy, D. Koffmann, n° 3697
Bientraitance (La), P. Chalon, n° 3753
Biologie de l'amour (La), A. Janov, n° 3746
Boostez votre cerveau, G. Azzopardi, n° 3710
C'est (presque) toujours de la faute des hommes, R.-M. Alter, n° 3729
Ce que veulent les hommes, B. Gerstman, C. Pizzo et R. Seldes, n° 3672
Cerveau des mères (Le), K. Ellison, n° 3726
Ces amours qui nous font mal, P. Delahaie, n° 3706
Ces gens qui vous empoisonnent l'existence, L. Glas, n° 3597
Cette famille qui vit en nous, C. Rialland, n° 3636
Changez de vie en 7 jours, P. McKenna, n° 3719
Cinq Entretiens avec le Dalaï-Lama, Sa Sainteté le Dalaï-Lama, n° 3650
Communication efficace par la PNL (La), R. de Lassus, n° 3510
Couples : la formule du succès, P. Mc Graw, n° 3715
Dictionnaire des rêves, L. Uyttenhove, n° 3542
Efficace et épanoui par la PNL, R. de Lassus, n° 3563
Éloge de la lenteur, C. Honoré, n° 3731
Éloge du luxe, T. Paquot, n° 3725
Ennéagramme (L'), R. de Lassus, n° 3568
Et moi alors ?, P. Mc Graw, n° 3730
Être la fille de sa mère, P. Delahaie, n° 3727
Fais-toi confiance, I. Filliozat, n° 3723
Force est en vous (La), L. L. Hay, n° 3647
Gestalt, l'art du contact (La), S. Ginger, n° 3554
Grandir avec ses enfants, N. Prieur, n° 3734
Hommes, les femmes, etc. (Les), E. Willer, n° 3679
Hommes préfèrent les garces (Les), F. Ploton, n° 3724
Intelligence du cœur (L'), I. Filliozat, n° 3580
Interprétation des rêves (L'), P. Daco, n° 3501
Je t'en veux, je t'aime, I. Filliozat, n° 3699

Santé – Forme – Sexualité

40 ans pour longtemps, M. Bulher et J. Rousselet-Blanc, n° 2883
130 desserts pour diabétiques, C. Fouquet et C. Pinson, n° 2910
130 plats uniques minceur, T. Ellul-Ferrari, n° 2852
130 recettes anti-cholestérol, L. Cariel, D. Chauvois, C. Gouesmel, n° 2890
130 recettes bien-être, L. Cariel, D. Chauvois, n° 2891
130 recettes minceur, T. Ellul-Ferrari, n° 2841
130 recettes sans sel, C. Gouesmel, C. Pinson, n° 2914
130 recettes ventre plat, C. Pinson, n° 2922
130 recettes végétariennes, C. Pinson, n° 2925
130 recettes sans gluten, C. Pinson et S. Giacobetti, n° 2906
177 façons d'emmener une femme au septième ciel, Saint-Loup, n° 2783
203 façons de rendre fou un homme au lit, J. Saint-Ange, n° 2771
208 nouvelles façons de rendre un homme fou de désir, Saint-Loup, n° 2834
302 techniques avancées pour rendre fou un homme, Saint-Ange, n° 2898
365 jours de sexe, L. L. Paget, n° 2911
Alimentation antioxydante (L'), Dr S. Rafal, n° 2840
Alternative aux antibiotiques (L'), Dr G. Pacaud, n° 2905
Art de faire l'amour à un homme (L'), L. L. Paget, n° 2874
Art de faire l'amour à une femme (L'), L. L. Paget, n° 2875
Aux petits maux les bons remèdes, Dr G. Pacaud, n° 3209
Best Sex, T. Cox, n° 2880
Bien nourrir sa peau, Dr N. Pomarède, n° 2897
C'est trop bon ! la forme en 200 recettes, Dr D.-A. Cassuto, n° 2912
Cancer, toutes vos questions, toutes les réponses, M. Carrère d'Encausse et M. Cymès, n° 2926
Cerveau en pleine forme (Un), A. Dufour, n° 2878
Comment faire l'amour à un homme, A. Penney, n° 2737
Comment faire l'amour à une femme, M. Morgenstern, n° 2738
Comment gérer son stress, V. Pieffer, n° 2808
Comment vivre longtemps sans faire de vieux os, Dr S. Rafal, n° 2913
Découvrir le Feng Shui, S. Brown, n° 2802
Décrochez ! Dr S. Angel, n° 2893
Détox anti-âge, Dr D. Lamboley, n° 2909
Diététique du Yin et du Yang, Dr C. You-Wa, n° 2920
Do-in, a voie e l'énergie, A.-B. Leygues, n° 2921
Et si c'était la thyroïde ? Dr P. Nys, n° 2903
Feng Shui santé (Le), R. Saint-Arnauld, n° 2856
Fini les rhumatismes ! Dr J.-L. Dervaux, n° 2900

Guide des fleurs du Dr Bach (Le), P. Ferris, n° 2835
Guide des pierres de soins (Le), R. Boschiero, n° 2831
Guide du Feng Shui (Le), R. Saint-Arnauld, n° 2817
Guide pratique antidouleur, Dr S. Rafal, n° 2917
Hanches et fesses parfaites en 10 minutes par jour, L. Raisin, n° 2768
Livre de bord de la future maman, Dr M.-C. Delahaye, n° 2717
Maigrir, l'anti-régime, Dr D. Benchetrit, n° 2919
Maigrir, trouver votre poids idéal, Dr A. Cocaul, n° 2894
Maigrir selon son profil hormonal, Dr P. Nys, n° 2865
Médecine traditionnelle chinoise : une introduction, Dr J.-M. Kespi, n° 2928
Mes secrets pour garder la ligne... sans régime, J. Andrieu, n° 2931
Mémoire du corps (La), P. Hammond, n° 2901
Ménopause au naturel (La), Dr S. Rafal, n° 2868
Migraines et maux de tête, Dr J.-L. Dervaux, n° 2882
Mince… je fonds et ça dure ! Drs D. Arsac, M. Gourmelon et C. Paturel, n° 2915
Nouveaux Remèdes naturels (Les), J.-M. Pelt, n° 2869
Orgasme sans tabou (L'), L. L. Paget, n° 2885
Plaisir sans les kilos (Le), Dr A. Cocaul, n° 2930
Pour en finir avec le tabac, Dr J.-L. Dervaux, n° 2847
Pouvoir des plantes (Le), J. A. Duke, n° 2934
Pratique du massage chinois, Dr Y.-W. Chen, n° 2907
Régime anti-âge (Le), Dr R. C. Atkins, n° 2884
Régime brûle-graisses (Le), C. Pinson, n° 2867
Régime soupe (Le), C. Pinson, n° 2829
Régimes, vérités et mensonges, L. Nugon-Baudon et E. Lhoste, n° 2935
Régime zen (Le), C. Pinson, n° 2908
Remèdes de santé d'Hildegarde de Bingen (Les), P. Ferris, n° 2859
Se soigner par l'homéopathie, Dr G. Pacaud, n° 2727
Secrets du régime crétois (Les), Dr J.-P. Willem, n° 2827
Sex coach, F. Ploton, n° 2927
Sex toys, faites-vous plaisir, C. Foch et A. Helary, n° 2916
Sommeil, c'est vital (Le), Dr G. Pacaud, n° 2896
Sophrologie facile (La), Dr Y. Davrou, n° 2794
Super Sexe : tout ce qu'une femme doit savoir, Sacha Fauster, n° 2924
Trucs et astuces de beauté, S. Lacoste, n° 2839
Trucs et astuces de santé, S. Lacoste, n° 2838
Ventre plat en 10 minutes par jour (Un), L. Raisin, n° 2767
Yoga de Davina (Le), D. Delor, n° 2918

Pour l'éditeur, le principe est d'utiliser des papiers composés de fibres naturelles, renouvelables, recyclables et fabriquées à partir de bois issus de forêts qui adoptent un système d'aménagement durable.

En outre, l'éditeur attend de ses fournisseurs de papier qu'ils s'inscrivent dans une démarche de certification environnementale reconnue.

Photocomposition Nord Compo

Imprimé en Allemagne par GGP Media GmbH

Pour le compte des Éditions Marabout.
Dépôt légal : avril 2009
ISBN : 978-2-501-05666-3
Codif. : 40.8091.7
Édition 01